D1077329

Poche
VISUEL

Windows XP
et Internet

2e édition

Visuel

Wiley Publishing, Inc.

FIRST
> Interactive

Windows XP et Internet Poche Visuel, 2e édition

Publié par
Wiley Publishing, Inc.
111 River Street
Hoboken, NJ 07030-5774, États-Unis
www.wiley.com

Copyright © 2005 par Wiley Publishing, Inc., Indianapolis, Indiana, États-Unis

Édition française publiée en accord avec Wiley Publishing, Inc. par :

© **Éditions First Interactive, 2006**
27, rue Cassette
75006 PARIS – France
Tél. 01 45 49 60 00
Fax 01 45 49 60 01
E-mail : firstinfo@efirst.com
Web : www.efirst.com

ISBN : 2-84427-855-8
Dépôt légal : 1er trimestre 2006
Imprimé en France

Auteur : Paul McFedries
Mise en page : pbi1@mac.com

TABLE DES MATIÈRES

PARTIE I
DÉCOUVREZ L'INTERNET AVEC WINDOWS XP

1 DÉCOUVREZ L'INTERNET

2 CONNECTEZ-VOUS À L'INTERNET

TABLE DES MATIÈRES

PARTIE III
PROFITEZ DU MULTIMÉDIA SUR L'INTERNET

TABLE DES MATIÈRES

9
COMMUNIQUEZ AVEC OUTLOOK EXPRESS

TABLE DES MATIÈRES

12 COMMUNIQUEZ AVEC WINDOWS MESSENGER

13 COMMUNIQUEZ AVEC LES GROUPES DE DISCUSSION

TABLE DES MATIÈRES

PARTIE V
CRÉEZ UN RÉSEAU

**16
DÉCOUVREZ
LES RÉSEAUX
SANS FIL**

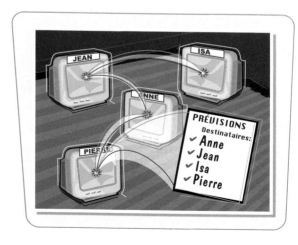

Découvrez l'Interne
avec Windows XP

Origine

L'Internet a vu le jour à la fin des années 1960, dans le cadre d'un projet mené par le Ministère de la Défense américain. Il s'est ensuite agrandi peu à peu pour finalement intégrer d'autres organismes d'État, des universités, des laboratoires de recherche et des entreprises.

Réseau mondial

L'Internet est un réseau qui s'étend dans le monde entier. Comme un réseau local, où chaque ordinateur peut utiliser les ressources partagées par les autres machines, l'Internet vous permet de consulter des informations mises à disposition par d'autres ordinateurs du monde et d'en partager avec eux.

Épine dorsale

L'*épine dorsale* de l'Internet correspond à un ensemble de lignes téléphoniques et de câbles en fibre optique répartis dans le monde entier. Les données y circulent à une vitesse extrêmement élevée, de sorte que quelques secondes suffisent pour accéder à des informations stockées sur un ordinateur situé de l'autre côté de la planète.

L'Internet est un immense ensemble d'ordinateurs du monde entier qui vous permet de lire les derniers faits d'actualité, de mener des recherches, de faire des achats, de communiquer, d'écouter de la musique, de jouer et d'accéder à toutes sortes d'informations.

Fournisseur d'accès à l'Internet

Un *fournisseur d'accès à l'Internet (FAI)* désigne une société qui possède un accès direct à l'épine dorsale de l'Internet. Grâce à un modem, vous pouvez accéder à votre FAI, qui vous connecte ensuite à l'Internet.

Accès par le réseau commuté

L'accès à l'Internet par le réseau commuté s'effectue par le biais d'un modem traditionnel et d'une ligne téléphonique classique. Ce type d'accès est très bon marché, mais aussi très lent.

Accès par large bande

L'accès à l'Internet par large bande est assuré par un modem très rapide. La connexion s'effectue par le biais de l'ADSL ou du câble (comme la télévision). Plus cher que l'accès classique par le réseau commuté, ce type d'accès est extrêmement rapide.

World Wide Web

Couramment appelé Web, le World Wide Web est un ensemble d'informations reliées entre elles. Plus précisément, il est composé de pages qui renferment chacune des informations sur un sujet spécifique. La plupart de ces pages possèdent au moins un lien qu'il suffit de cliquer pour afficher la page associée. Le Web intègre plusieurs milliards de pages relatives à des millions de sujets. Pour plus d'informations, consultez le chapitre 3.

Messagerie instantanée

La messagerie instantanée permet d'envoyer et de recevoir des messages en temps réel, presque aussi rapidement que lors d'une conversation orale. Pour plus d'informations, consultez le chapitre 11.

Messagerie électronique

La messagerie électronique permet d'envoyer et de recevoir des messages électroniques, également appelés *e-mails* ou *courriels*. Contrairement aux lettres expédiées par la Poste, ces messages arrivent chez leur destinataire en quelques minutes, pour un coût pratiquement nul. Pour plus d'informations, consultez le chapitre 8.

Multimédia

Grâce à l'Internet, vous pouvez écouter de la musique et la radio, mais aussi lire des animations, regarder des bandes-annonces de films et des vidéos, et accéder à bien d'autres types de contenus multimédias. Pour plus d'informations, consultez le chapitre 6.

DÉCOUVREZ LES CONNEXIONS INTERNET

Câble série

Si votre modem est un modèle externe (qui n'est pas inclus dans le boîtier, donc) fourni avec un câble série, branchez celui-ci sur le port série à l'arrière de l'ordinateur.

Cordon téléphonique

Branchez un second cordon téléphonique sur le téléphone, et reliez son autre extrémité à la prise jack du modem appelée *Téléphone* ou marquée d'une petite icône de combiné.

*A*vant de vous connecter à l'Internet,
vous devez installer votre modem,
vous abonner auprès d'un fournisseur
d'accès à l'Internet et choisir un type
de connexion.

Câble téléphonique

Avec un câble téléphonique, reliez la prise téléphonique
murale à la prise jack du modem appelée *Ligne* ou
marquée d'une petite icône de prise téléphonique
murale.

DÉCOUVREZ LES CONNEXIONS INTERNET

Fournisseur d'accès à l'Internet

Votre modem est insuffisant pour accéder à l'Internet. Pour établir cette connexion, vous devez également vous abonner auprès d'un fournisseur d'accès à l'Internet (FAI) qui vous permettra de vous relier à cet immense réseau.

Vitesse de connexion

Il existe différentes vitesses de connexion à l'Internet. Elles déterminent directement la vitesse à laquelle vous recevez les informations provenant de ce réseau. Si vous utilisez un modem traditionnel, cette vitesse risque de ne pas dépasser 56 kilobits par seconde. Le mieux est alors d'opter pour une connexion très rapide (à *large bande*) assurée par une ligne téléphonique ADSL ou le câble. Ces connexions peuvent atteindre 20 megabits par seconde (soit 20 000 kilobits par seconde !).

Coût de l'abonnement Internet

L'abonnement mensuel que vous devez payer pour accéder à l'Internet varie généralement entre 15 et 45 selon les FAI. Il dépend également du type de connexion et d'abonnement que vous choisissez. Méfiez-vous des abonnements qui ne prévoient qu'un certain nombre d'heures de connexion par mois, car toute heure au-delà de ce forfait risque de vous coûter cher. Le plus souvent, une connexion illimitée est moins onéreuse.

L'INTERNET AVEC WINDOWS XP

Windows XP intègre plusieurs programmes et fonctionnalités qui vous permettent d'exploiter les trésors de l'Internet.

Parcourir le Web grâce à Internet Explorer

Windows XP permet de parcourir l'immense quantité d'informations diffusée sur le World Wide Web. Vous pouvez notamment rechercher des pages en fonction de vos centres d'intérêt et créer une liste de pages favorites ensuite faciles à retrouver. Windows XP permet aussi de jouer avec d'autres internautes et de faire des achats sur le Web.

Windows XP intègre le navigateur Internet Explorer. Ce programme facilite considérablement la navigation sur le Web. Son volet Média permet de localiser des fichiers multimédias sur le Web et d'y accéder. Grâce à la fonction des liens apparentés, vous pouvez par ailleurs atteindre rapidement des pages Web qui renferment des informations en rapport avec la page en cours de consultation.

Échanger du courrier électronique grâce à Outlook Express

Windows XP est fourni avec le logiciel de messagerie Outlook Express, qui permet d'échanger du courrier électronique avec des correspondants du monde entier. Vous pouvez lire, envoyer, transférer, imprimer et supprimer des messages électroniques, et, bien sûr, y répondre. Il est aussi possible de tenir à jourun carnet d'adresses.

L'INTERNET AVEC WINDOWS XP

Bavarder en ligne grâce à Windows Messenger

Windows XP inclut le programme Windows Messenger qui permet de communiquer en direct avec des amis et des collègues *via* l'Internet. Grâce à ce logiciel, vous pouvez également échanger des fichiers et des programmes avec des internautes.

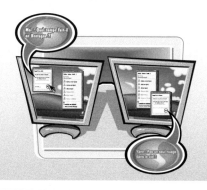

Profiter du multimédia grâce au Lecteur Windows Media

Grâce au Lecteur Windows Media, Windows XP permet d'écouter les programmes de stations de radio sur l'Internet. Il facilite aussi la recherche des musiques et des films les plus récents sur le Web et organise vos fichiers multimédias.

Participer à des groupes de discussion

Outlook Express permet de vous abonner à des groupes de discussion, puis d'y poster des messages et d'en recevoir. Vous pouvez ainsi échanger des informations, des commentaires, *etc*. sur vos sujets de prédilection avec de nombreux internautes du monde entier.

Travailler en réseau

Windows XP permet de partager des informations et du matériel avec les utilisateurs d'un réseau. Vous pouvez partager des dossiers stockés sur votre ordinateur, mais aussi une imprimante reliée directement à votre poste. Windows prévoit un assistant qui facilite la configuration d'un réseau privé.

CRÉEZ UNE NOUVELLE CONNEXION

● CRÉEZ UNE NOUVELLE CONNEXION

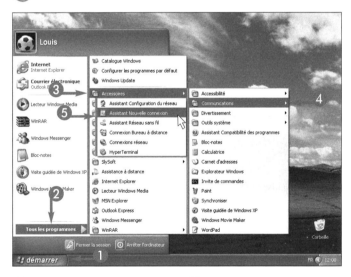

❶ Cliquez **démarrer**.

❷ Pointez **Tous les programmes**.

❸ Pointez **Accessoires**.

❹ Pointez **Communications**.

❺ Cliquez **Assistant Nouvelle connexion**.

*L'*assistant Nouvelle connexion vous guide pas à pas pour vous aider à vous connecter à l'Internet, plutôt que de vous laisser vous débrouiller tout seul.

L'assistant propose plusieurs façons de définir la connexion : en choisissant un FAI dans une liste, en établissant la connexion manuellement ou en utilisant un CD de connexion.

● La fenêtre Assistant Nouvelle connexion apparaît.

⑥ Cliquez **Suivant**.

CRÉEZ UNE NOUVELLE CONNEXION

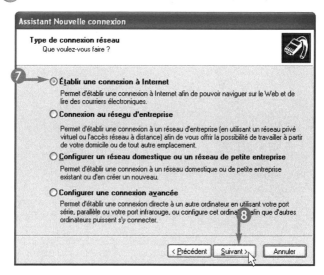

7 Cliquez **Établir une connexion à Internet**.

8 Cliquez **Suivant**.

30

Mon ordinateur est en réseau. Comment puis-je le connecter à l'Internet *via* l'une des autres machines ?

❶ Suivez les étapes 1 à 4 de la page 28.

❷ Cliquez **Assistant Configuration du réseau**.

❸ Cliquez **Suivant**.

❹ Activez cette option (○ devient ◉).

❺ Cliquez **Suivant** et suivez les instructions de l'écran.

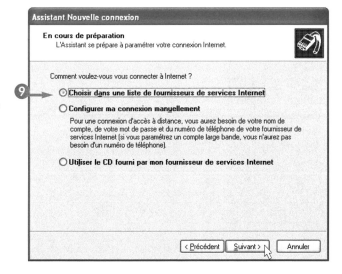

❾ Cliquez la méthode que vous voulez utiliser pour configurer la connexion Internet.

Note. Lisez les pages 32 et 33 si vous choisissez la première ou la troisième méthode, et les pages 36 à 41 si vous choisissez la deuxième méthode.

CRÉEZ UNE NOUVELLE CONNEXION

CRÉEZ UNE NOUVELLE CONNEXION (SUITE)

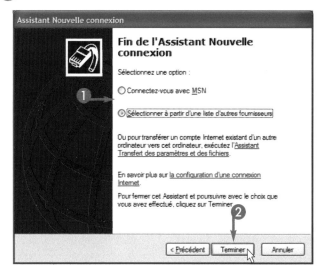

Fin de l'Assistant Nouvelle connexion

Sélectionnez une option :

○ Connectez-vous avec MSN

◉ Sélectionner à partir d'une liste d'autres fournisseurs

Ou pour transférer un compte Internet existant d'un autre ordinateur vers cet ordinateur, exécutez l'Assistant Transfert des paramètres et des fichiers.

En savoir plus sur la configuration d'une connexion Internet.

Pour fermer cet Assistant et poursuivre avec le choix que vous avez effectué, cliquez sur Terminer.

[< Précédent] [Terminer] [Annuler]

CHOISIR DANS UNE LISTE DE FAI

❶ Si vous avez cliqué **Choisir dans une liste de fournisseurs de services Internet** à l'étape ❾ de la page 31, cliquez l'une de deux options proposées (○ devient ◉).

❷ Cliquez **Terminer**.

❸ Suivez les indications des écrans qui s'affichent.

*S*elon que vous avez ou non déjà souscrit un abonnement auprès d'un fournisseur d'accès Internet, vous pouvez utiliser le CD-ROM fourni par ce dernier ou choisir un FAI parmi ceux proposés par Windows XP.

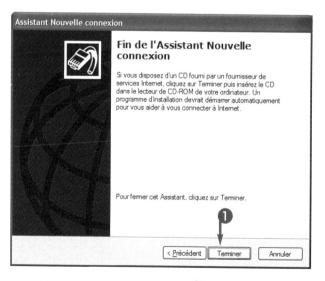

UTILISER LE CD FOURNI PAR LE FAI

1 Si vous avez cliqué **Utiliser le CD fourni par mon fournisseur de services Internet** à l'étape 9 de la page 31, cliquez **Terminer**.

2 Insérez le CD-ROM fourni par votre fournisseur d'accès à l'Internet, puis laissez-vous guider par les écrans qui s'affichent pour configurer le compte.

CONFIGUREZ UNE CONNEXION MANUELLEMENT

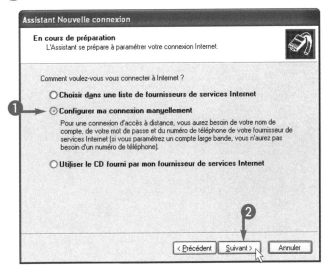

❶ Dans la fenêtre Assistant nouvelle connexion, cliquez **Configurer ma connexion manuellement**.

❷ Cliquez **Suivant**.

*S*i vous possédez déjà un compte chez un FAI, vous pouvez le configurer manuellement dans Windows XP en saisissant les informations que vous a indiquées le FAI.

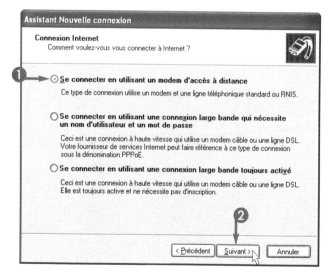

1 Cliquez **Se connecter en utilisant un modem d'accès à distance**.

2 Cliquez **Suivant**.

Note. Si votre compte correspond à une connexion haut débit avec nom et mot de passe, lisez les pages 40 et 41.

CONFIGUREZ UNE CONNEXION MANUELLEMENT

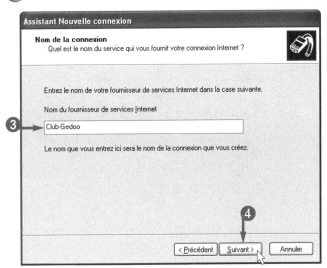

Assistant Nouvelle connexion

Nom de la connexion
Quel est le nom du service qui vous fournit votre connexion Internet ?

Entrez le nom de votre fournisseur de services Internet dans la case suivante.

Nom du fournisseur de services Internet

③ Club-Gedoo

Le nom que vous entrez ici sera le nom de la connexion que vous créez.

④

〈 Précédent | Suivant 〉 | Annuler

③ Tapez le nom de votre fournisseur d'accès.

④ Cliquez **Suivant**.

Quand vous avez contracté votre compte, votre FAI vous a fait parvenir tous les détails nécessaires pour configurer la connexion vous-même. Vous devez disposer de trois éléments : votre nom d'utilisateur (parfois appelé login), votre mot de passe et le numéro de téléphone que le modem doit composer pour se connecter.

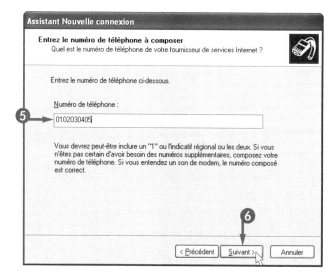

5 Tapez le numéro de téléphone que le modem doit composer pour se connecter au fournisseur d'accès.

Note. Si votre ligne requiert un préfixe pour atteindre l'extérieur, tapez-le aussi.

6 Cliquez **Suivant**.

CONFIGUREZ UNE CONNEXION MANUELLEMENT

CONFIGUREZ UNE CONNEXION MANUELLEMENT (SUITE)

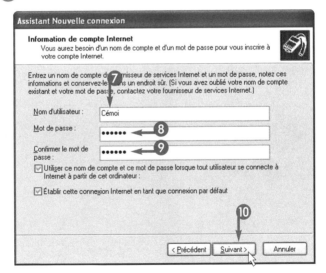

⑦ Tapez le nom d'utilisateur fourni par votre fournisseur d'accès

⑧ Tapez le mot de passe.

⑨ Tapez de nouveau le mot de passe.

Note. Si le mot de passe comporte des lettres en majuscules et en minuscules, respectez-les en tapant le mot de passe exactement comme indiqué par le FAI.

⑩ Cliquez **Suivant**.

L'assistant Nouvelle connexion facilite la configuration manuelle d'une connexion. Il vous guide pas à pas pour vous faire saisir les informations nécessaires.

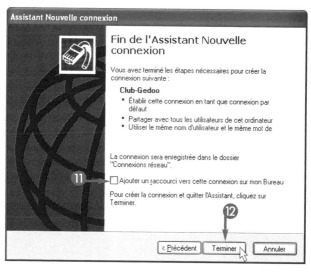

● La fenêtre Fin de l'Assistant Nouvelle connexion apparaît.

⓫ Cochez éventuellement la case **Ajouter un raccourci vers cette connexion sur mon Bureau** (☐ devient ☑).

⓬ Cliquez **Terminer**.

CONFIGUREZ UNE CONNEXION MANUELLEMENT

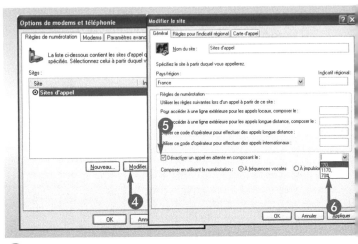

CONFIGUREZ UNE CONNEXION MANUELLEMENT (SUITE)

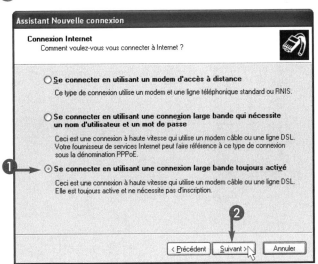

CONFIGURER UNE CONNEXION
HAUT DÉBIT

① Dans la boîte de dialogue
Assistant nouvelle connexion
Internet, cliquez Se connecter en
utilisant une connexion large
bande toujours activé (○
devient ⊙).

② Cliquez **Suivant**.

Un appel en attente peut vous déconnecter de l'Internet si vous utilisez un modem téléphonique. Voici comment désactiver l'attente des appels :

① Cliquez **démarrer**.

② Cliquez **Panneau de configuration**.

③ Cliquez **Options de modem et de téléphonie**.

④ Cliquez **Modifier**.

⑤ Cliquez **Désactiver un appel en attente en composant le** (☐ devient ☑).

⑥ Tapez la séquence de numérotation qui désactive les appels en attente chez votre fournisseur de téléphonie.

● La fenêtre de l'Assistant Nouvelle connexion apparaît.

③ Cliquez **Terminer**.

CONNECTEZ-VOUS À L'INTERNET

CONNECTEZ-VOUS À L'INTERNET

1 Cliquez **démarrer**.

2 Pointez **Connexions**.

*Note. Si la commande Connexions n'apparaît pas, cliquez **Panneau de configuration** ⇨ **Connexions réseau et Internet** ⇨ **Connexions réseau** et double-cliquez l'icône de votre connexion Internet.*

3 Cliquez votre connexion Internet.

Note. Si vous avez choisi de placer un raccourci sur le bureau, vous pouvez également double-cliquer cette icône.

*D*ès qu'un compte est configuré, vous pouvez l'utiliser pour vous connecter à l'Internet.

La plupart des connexions haut débit s'établissent automatiquement sans requérir d'action de votre part.

● Si votre connexion modem ou haut débit requiert un nom d'utilisateur un mot de passe, la boîte de dialogue Connexion apparaît.

④ Cliquez **Numéroter**.

● Windows XP se connecte à l'Internet.

● Quand la connexion est établie, une icône apparaît dans la zone de notification.

43

DÉCONNECTEZ-VOUS DE L'INTERNET

DÉCONNECTEZ-VOUS DE L'INTERNET

1 Cliquez du bouton droit l'icône de connexion dans la barre des tâches.

Si vous avez une connexion bas débit, déconnectez-vous quand vous avez terminé votre session Internet, afin de ne pas gaspiller votre temps de connexion.

Si vous disposez d'une connexion haut débit, il n'est pas nécessaire de vous déconnecter : vous restez connecté en permanence.

② Cliquez **Déconnecter**.

● Windows XP se déconnecte de l'Internet.

SÉCURISEZ VOTRE CONNEXION INTERNET

SÉCURISEZ VOTRE CONNEXION INTERNET

1️⃣ Cliquez l'icône des alertes de sécurité Windows dans la zone de notification.

*Note. Si cette icône n'apparaît pas, cliquez **démarrer** ⇨ **Tous les programmes** ⇨ **Accessoires** ⇨ **Outils système** ⇨ **Centre de sécurité**.*

Quand votre ordinateur est connecté à l'Internet, des personnes malveillantes peuvent y accéder, l'infecter d'un virus ou occasionner d'autres dommages. Pour éviter ces intrusions, activez le pare-feu de Windows.

Le Centre de sécurité n'est disponible qu'avec Windows XP Service Pack 2.

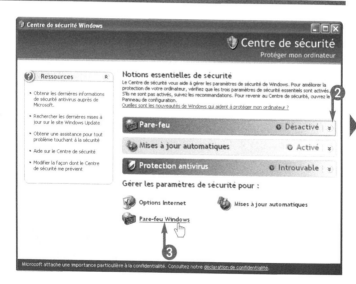

● Le Centre de sécurité apparaît.

❷ Observez l'état du Pare-feu.

❸ Si le Pare-feu est désactivé, cliquez **Pare-feu Windows**.

SÉCURISEZ VOTRE CONNEXION INTERNET

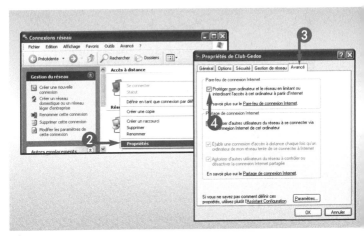

SÉCURISEZ VOTRE CONNEXION INTERNET (SUITE)

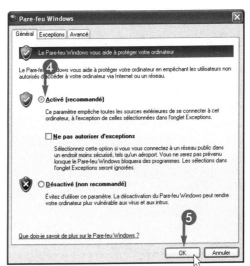

● La boîte de dialogue Pare-feu Windows apparaît.

④ Cliquez **Activé (recommandé)** (○ devient ◉).

⑤ Cliquez **OK**.

Comment activer le Pare-feu si je n'ai pas le Service Pack 2 ?

1 Cliquez **démarrer ⇨ Panneau de configuration ⇨ Connexions réseau et Internet**.

2 Cliquez du bouton droit votre connexion Internet, puis cliquez **Propriétés**.

3 Cliquez l'onglet **Avancé**.

4 Cliquez **Protéger mon ordinateur et le réseau en limitant ou interdisant l'accès à cet ordinateur à partir d'Internet** (☐ devient ☑).

● Dans le Centre de sécurité, l'état du pare-feu passe à **Activé**.

6 Cliquez ☒ pour fermer la fenêtre Centre de sécurité.

49

Naviguez sur le Web

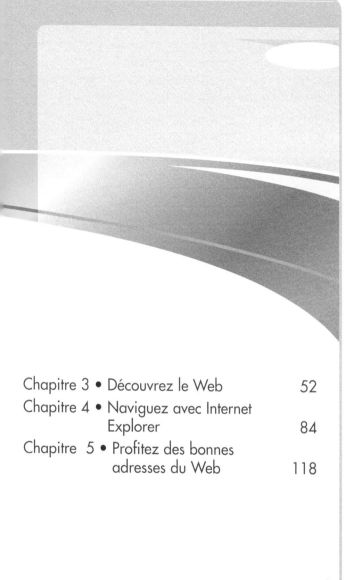

LE WEB, COMMENT ÇA MARCHE ?

*L*e Web (abréviation de World Wide Web) est un gigantesque ensemble d'informations stockées sur d'innombrables ordinateurs du monde entier, appelés serveurs Web.

Page Web

Les informations qui constituent le Web sont présentées en *pages Web*, que vous transférez sur votre ordinateur grâce à un programme appelé *navigateur Web*, comme Internet Explorer dans Windows XP. Chaque page porte sur un thème spécifique et peut renfermer du texte, des images, du son, de la musique et même des vidéos. Le Web se compose de milliards de pages relatives à tous les sujets possibles et imaginables.

Serveur Web

Les sites Web sont stockés sur des *serveurs Web*, ordinateurs spéciaux qui mettent les pages Web à la disposition des internautes. Ces machines sont généralement très puissantes, puisqu'elles permettent à un site d'accueillir des milliers de visiteurs en même temps. Les très gros sites Web sont gérés par des *grappes de serveurs*, c'est-à-dire des réseaux capables de réunir plusieurs dizaines, voire centaines de serveurs.

Site Web

Un *site Web* désigne un ensemble de pages Web gérées par une même personne, société, organisation publique, école ou association. Certains ne traitent qu'un seul sujet, mais la plupart se composent de pages relatives à plusieurs thèmes.

Navigateur Web

On appelle *navigateur Web* un programme conçu pour transférer *(télécharger)* des pages Web depuis l'Internet et les afficher sur votre ordinateur. Chaque système d'exploitation inclut un navigateur Web (par exemple, Windows XP intègre Internet Explorer, et Mac OS X, Safari), mais vous pouvez en récupérer d'autres sur l'Internet. Pour plus d'informations, consultez la page 58.

LE WEB, COMMENT ÇA MARCHE ?

Lien

Un *lien* désigne une référence à une autre page Web. Il se présente souvent sous la forme d'un texte souligné et/ou dans une autre couleur que celle du texte standard de la page. Certains liens sont constitués par des images. Dès que vous cliquez l'un d'eux, la page associée apparaît dans votre navigateur Web. Cette page peut se trouver sur le site Web en cours ou sur un autre site. Pour utiliser des liens, consultez la page 92.

Composition d'une adresse Web

Une adresse Web (ou URL) se compose de quatre parties fondamentales : le *protocole* (généralement *http*), le *nom de domaine* du site Web, le *dossier* dans lequel est stockée la page sur le serveur, et le *nom du fichier* de la page.

Le nom de domaine fonctionne le plus souvent avec le suffixe .com (pour « commercial »), mais d'autres sont également très employés, comme .gov (pour « gouvernement ») et .org (pour « organisation à but non lucratif »), et des suffixes de pays, tels que .fr (France) ou .ca (Canada).

Adresse Web

Chaque site Web et chaque page Web possèdent leur propre *adresse Web* (également appelée *URL*). Celle-ci les identifie de manière unique. Dès lors que vous connaissez l'adresse d'une page, il suffit donc de la taper dans votre navigateur Web pour afficher cette page. Pour plus d'informations, consultez la page 88.

DÉCOUVREZ LES NAVIGATEURS WEB

Dès lors que vous maîtrisez votre navigateur Web, vous pouvez surfer à loisir sur le Web.

Internet Explorer

Internet Explorer est le navigateur inclus dans Windows XP et la plupart des autres versions de ce système, ainsi que certaines versions d'OS X. Il s'agit de loin du navigateur le plus employé. Pour plus d'informations et des mises à jour sur ce produit, rendez-vous sur la page http://www.microsoft.com/france/internet/default.mspx.

Firefox

Firefox est un navigateur assez récent, édité par Mozilla. Il s'agit d'un programme open-source, c'est-à-dire gratuit et libre, créé par l'action commune d'un ensemble de programmeurs. Que vous travailliez sous Windows ou OS X, vous pouvez vous procurer ce navigateur sur la page http://www.mozilla-europe.org/fr/products/firefox.

DÉCOUVREZ LES NAVIGATEURS WEB

Barre d'adresse

Cette zone de texte indique l'adresse de la page Web actuellement affichée. C'est ici que vous tapez l'adresse des pages que vous voulez visiter.

Titre de la page Web

La barre de titre du navigateur Web affiche le titre de la page Web actuellement visible à l'écran.

Liens

Les liens correspondant à des textes ou images qui offrent un accès facile à une autre page. Les liens textuels apparaissent souvent soulignés et dans une couleur différente (du bleu, généralement) du texte standard de la page.

Lien actif

Il s'agit du lien que vous pointez : le pointeur ▶ devient alors 🖑 . Souvent (comme ici), le texte qui constitue le lien se retrouve souligné et change de couleur.

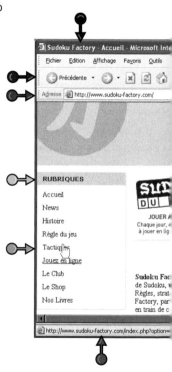

Boutons de navigation

Chaque navigateur Web propose divers boutons de navigation qui permettent de basculer aisément entre les dernières pages visitées. Par exemple, dans Internet Explorer, vous pouvez cliquer **Précédente** (🔙) pour afficher la page que vous venez de consulter, puis cliquer **Suivante** (🔜) pour revenir à la page que vous aviez affichée après.

Barre d'état

La barre d'état affiche le statut de la page actuellement visible à l'écran. Par exemple, quand Internet Explorer télécharge une page, la mention *Ouverture de la page* apparaît. Une fois la page entièrement chargée, le mot *Terminé* s'affiche. Lorsque vous pointez un lien, la barre d'état indique l'adresse de la page ciblée par ce lien.

EFFECTUEZ DES RECHERCHES SUR LE WEB

Moteurs de recherche

Voici les noms et adresses des moteurs de recherche les plus connus.

Google	www.google.fr
AltaVista	www.altavista.fr
Lycos	www.lycos.fr
Excite	www.excite.fr
HotBot	www.hotbot.fr
Yahoo!	fr.yahoo.com
MSN	www.msn.fr

Si vous avez besoin d'informations sur un sujet spécifique, vous pouvez recourir à un moteur de recherche, c'est-à-dire à un site Web qui analyse très rapidement de multiples pages pour trouver celles portant sur le sujet qui vous intéresse.

Vous pouvez rechercher des informations sur le Web en vous servant d'un moteur de recherche ou en exploitant la fonction de recherche incluse dans votre navigateur Web.

Fonction de recherche des navigateurs Web

Internet Explorer propose un volet de recherche. Pour y accéder, cliquez **Rechercher** () dans la barre d'outils. Tapez ensuite un mot, une expression ou une question caractéristique du sujet qui vous intéresse, puis cliquez le bouton **Rechercher**.

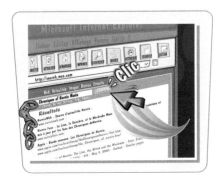

EFFECTUEZ DES RECHERCHES SUR LE WEB

Robots

Les moteurs de recherche indexent le Web grâce à des programmes spéciaux, appelés *robots*. Ceux-ci cataloguent chaque page Web et leur contenu. La plupart des moteurs de recherche permettent également aux internautes de leur fournir des informations sur leurs pages personnelles. Google, le moteur de recherche le plus puissant, indexe plusieurs milliards de pages.

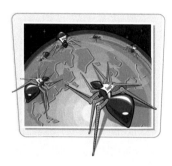

Types de recherches

Par défaut, les moteurs de recherche donnent comme résultats des liens vers les pages Web qui répondent à vos critères. Cependant, la plupart des pages contiennent bien plus que du texte : elles renferment souvent aussi des images, des fichiers audio et musicaux, des fichiers vidéo et des fils d'actualité. La plupart des moteurs de recherche vous permettent de rechercher ces types de contenus.

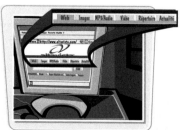

Méthodes de recherche

Le Web est si étendu que des recherches portant sur un seul mot-clé fournissent souvent des milliers de *résultats*, c'est-à-dire de sites a priori pertinents. Pour affiner votre recherche, spécifiez de préférence plusieurs termes qualifiant le sujet qui vous intéresse. Vous pouvez même rechercher une expression en la plaçant entre guillemets. Par ailleurs, la plupart des moteurs de recherche proposent des critères de recherche avancée qui permettent, par exemple, de limiter les résultats aux pages créées à une certaine période.

Annuaires

Face à l'étendue et la diversité du Web, de nombreux moteurs de recherche possèdent des annuaires qui listent des sites par thèmes (Arts, Loisirs et Sciences, par exemple). La fiabilité de ces sites est vérifiée régulièrement par des employées de la société qui gère chaque moteur de recherche.

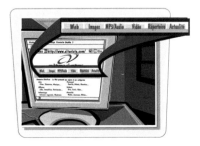

Journaux et magazines

Beaucoup de journaux et de magazines ont créé leur site Web pour augmenter leur nombre de lecteurs. Certains proposent des faits d'actualité en temps réel, tandis que d'autres utilisent leur site comme un lieu d'accès aux anciennes éditions. Vous devez souvent vous inscrire pour consulter la version en ligne de certains articles, et cette inscription est généralement payante.

*D*e nombreux sites Web permettent de lire les actualités en temps réel. Par exemple, beaucoup de quotidiens et de magazines possèdent une version en ligne. Il existe également des sources d'informations plus récentes, comme les blogs.

Magazines en ligne

Beaucoup de magazines ne possèdent qu'une version en ligne : on les qualifie de Webzines (ou e-zines). Les meilleurs d'entre eux proposent une grande variété d'informations et des articles de très grande qualité. Vous en trouverez sur toutes sortes de sujets, comme l'actualité musicale, la photographie et l'informatique. Le site www.netzine.fr propose un annuaire très riche des Webzines.

CONSULTEZ LES ACTUALITÉS SUR LE WEB

Blogs

Un blog est une page Web consacrée à un sujet spécifique, qui propose des articles fréquemment mis à jour et présentés dans l'ordre inverse à l'ordre chronologique. Certains s'apparentent davantage à des journaux intimes, tandis que d'autres livrent juste des liens intéressants, mais beaucoup traitent de manière très intéressante de l'actualité (politique ou économique, par exemple). Pour découvrir des blogs, rendez-vous sur un hébergeur de tels sites, comme CanalBlog (www.canalblog.com) ou Blogolist (http://blogolist.com).

Syndication

Plutôt que de parcourir les sites de journaux ou les portails d'actualités, vous pouvez recevoir des articles et les grands titres de l'actualité directement dans votre boîte aux lettres électronique. En effet, beaucoup de sites d'actualités vous donnent la possibilité de profiter du système de syndication qui permet à un programme spécial, appelé agrégateur (ou lecteur RSS, pour « sommaire de site enrichi »), d'afficher le contenu de flux RSS. Firefox et la dernière version de Safari intègrent des agrégateurs.

Portails d'actualité

Un portail d'actualité est un site Web qui recueille des faits d'actualité de centaines, voire milliers de sources en ligne. Vous pouvez alors rechercher des nouvelles, parcourir les grands titres et consulter les actualités par thème. L'un des portails francophone les plus connus est Actualité en ligne (www.actualite-en-ligne.com), mais les principaux moteurs de recherche gèrent également un site d'informations en continu, comme Google News (http://news.google.fr).

TROUVEZ DES INFORMATIONS PRATIQUES SUR LE WEB

Sources de référence

De nombreux sites proposent des outils de recherche en ligne, tels que des encyclopédies, des dictionnaires et des atlas. C'est notamment le cas d'Encarta (http://fr.encarta.msn.com), d'Universalis (www.universalis.fr) et de Wikipedia (http://fr.wikipedia.org). Il existe également des milliers de sites qui proposent des annuaires, des cartes et des dictionnaires de synonymes.

Les ressources du Web sont si importantes que vous pouvez y recourir pour vous informer sur pratiquement n'importe quel sujet. Par exemple, vous trouverez des renseignements aussi bien pour écrire une dissertation de géographie que retracer l'histoire de votre famille ou créer une présentation dans un cadre professionnel. Il est possible de rechercher directement les informations dont vous avez besoin ou d'utiliser des sites de recherche spécifiques.

Bibliothèques et musées

Beaucoup de bibliothèques publiques et privées gèrent un site Web qui permet, entre autres, de parcourir leur catalogue, de consulter leurs archives numériques et de commander des livres. Citons notamment la BNF (www.bnf.fr) et la Bibliothèque publique d'information du Centre Pompidou (www.bpi.fr). Il existe également des bibliothèques en ligne, comme l'IPL (Internet Public Library, www.ipl.org), qui cataloguent des sites Internet. Vous trouverez aussi de nombreux musées en ligne qui proposent des articles et des expositions interactives.

TROUVEZ DES INFORMATIONS PRATIQUES SUR LE WEB

Ressources gouvernementales

Beaucoup de sites de l'État, de départements ou de municipalités renferment une multitude d'informations sur de nombreux sujets. Selon leur importance, vous pouvez y rechercher des tendances, des statistiques, des règlements, des lois, des directives, des brevets et des marques déposées. La plupart de ces sites proposent aussi des articles, des commentaires, des essais et des conseils.

Experts

Plusieurs centaines de millions d'internautes naviguent sur le Web, et nombre d'entre eux sont des experts sur certains sujets. Beaucoup de sites permettent de poser des questions directement à ces personnes qualifiées, dans leur domaine de compétence. Selon les sites, cette interrogation est gratuite ou payante. L'un des meilleurs sites en la matière est anglophone (AllExperts, www.allexperts.com). Vous pouvez aussi recourir à des experts qui se chargeront de mener les recherches sur le Web à votre place.
De nombreux sites, comme Netexpert (http://netexpert.nomade.tiscali.fr) et Web Chercheurs (http://webchercheurs.servicesalacarte.voila.fr) proposent un tel service.

Personnes et généalogie

Lorsque vous recherchez une personne, des centaines de sites Web vous permettent de trouver aisément un numéro de téléphone, une adresse postale ou électronique, ou même d'anciens camarades de classe. Si vous cherchez la trace de vos ancêtres, les sites Web consacrés à la généalogie abondent également. Vous pouvez mener des recherches directes sur des sites qui mettent en ligne des registres d'état civil, ou recourir à des sites dédiés à la généalogie, comme Guide-généalogie (www.guide-genealogie.com) ou le Grenier généalogique (www.gcnoattic.com).

ACHETEZ ET VENDEZ SUR LE WEB

Achats en ligne

Des milliers de sites Web sont entièrement dédiés à la vente. Certains, comme Expedia (www.expedia.fr), se limitent à une seule gamme de produits ou de services, tandis que d'autres, comme Amazon (www.amazon.fr), offrent une large palette de biens. De nombreuses enseignes traditionnelles, comme la FNAC et Darty, gèrent également leur site Web. Par ailleurs, beaucoup de fabricants vous permettent d'acheter des articles directement sur leur site.

L'achat et la vente de biens et de services en ligne constituent une activité très florissante sur le Web : le e-commerce. Sur des magasins qui gèrent leur site Web, vous pouvez acheter des livres, des billets de spectacle, des voitures, et toutes sortes de produits. De nombreux sites vous permettent aussi de vendre d'occasion ou aux enchères des biens ménagers ou autres.

Le e-commerce présente de nombreux avantages. Vous pouvez acheter sans quitter votre fauteuil, comparer facilement les prix et les caractéristiques des produits et vous faire livrer à domicile. À l'inverse, il est possible de vendre à moindre frais en bénéficiant de millions de clients potentiels.

Panier

Lorsque vous faites des achats sur un site Web commercial, vos produits sont généralement placés temporairement dans un panier virtuel (parfois aussi appelé caddie ou chariot). Celui-ci stocke le nom, la quantité et le prix des articles que vous prévoyez d'acheter. La plupart du temps, un lien vous permet de consulter à tout moment le contenu de votre panier. Une fois sur la page de ce dernier, un lien du type Confirmer votre commande vous permet de procéder effectivement à l'achat en fournissant votre adresse et en payant.

ACHETEZ ET VENDEZ SUR LE WEB

Guides d'achat

Que vous envisagiez d'acheter un ordinateur, une voiture, un voyage ou tout autre produit, vous pouvez rechercher des avis de consommateurs et de spécialistes sur la marchandise qui vous intéresse. Par exemple, un site comme Ciao (www.ciao.fr) propose de nombreuses critiques de produits laissées par des particuliers. D'autres sites vous aident dans vos achats. C'est notamment le cas de Consomania (www.consomania.com) et Achat Internet (www.achat-internet.com).

 VENDEZ SUR LE WEB

Marché de l'occasion

Plusieurs sites Web sont spécialisés dans l'achat et la vente d'articles d'occasion. C'est notamment le cas de PriceMinister (www.priceminister.fr), l'un des plus connus. Mais vous pouvez aussi vendre des produits d'occasion sur des sites marchands plus généralistes, comme Alapage (www.alapage.fr). Si vous voulez vous lancer dans la création d'un véritable site de vente, rendez-vous sur un site qui vous y aidera, tel que PowerBoutique (www.powerboutique.com).

Sécurité

Pour pouvoir acheter sur le Web, vous devez fournir des données personnelles et confidentielles concernant votre mode de paiement, comme le numéro et la date d'expiration de votre carte bancaire. Pour que ces informations ne soient pas interceptées par des utilisateurs malintentionnés, assurez-vous d'être sur un site sécurisé avant de les communiquer. La plupart du temps, votre navigateur Web affiche un message quand vous pénétrez sur un tel site.

Sinon, un site sécurisé se caractérise par le protocole https (et non pas http) au début de son adresse. Par ailleurs, une icône de cadenas apparaît dans la barre d'état du navigateur.

Ventes aux enchères

Vous pouvez aussi vendre les articles dont vous ne vous servez plus sur un site d'enchères. eBay (www.ebay.fr) est de loin la référence en la matière, mais il existe des milliers de sites plus spécialisés (dans l'automobile ou les souvenirs, par exemple) qui permettent de vendre des produits aux enchères. La plupart du temps, vous pouvez choisir le système de paiement PayPal (www.paypal.com/fr), qui permet de d'obtenir le virement direct sur votre compte bancaire du règlement des clients qui paient par carte bancaire.

Réseau de contacts

Si vous cherchez à rencontrer de nouvelles personnes, que ce soit pour étendre votre réseau professionnel ou pour vous faire de nouveaux amis, le Web regorge de sites, tels que Viaduc (www.viaduc.com), qui mettent en relation des personnes aux intérêts communs. Par ailleurs, un site comme Copains d'avant (www.copainsdavant.linternaute.com) permet de retrouver d'anciens amis ou connaissances ayant effectué le même parcours scolaire que vous.

Le Web offre de nombreux espaces de discussion. Vous pouvez y bavarder sur toutes sortes de sujets avec des dizaines d'interlocuteurs et faire ainsi de nouvelles connaissances.

Les rencontres faites sur le Web ne sont généralement pas plus risquées que dans la « vraie vie », mais vous devez quand même observer quelques règles de prudence essentielles. Par exemple, ne donnez jamais d'informations personnelles à des inconnus et surveillez les échanges que peuvent avoir vos enfants avec d'autres internautes.

Sites de rencontres

Il existe de nombreux sites de rencontres qui permettent à toutes sortes de personnes d'établir des contacts pour toutes sortes de relations, amicales ou amoureuses. Le site de rencontres le plus utilisé est Meetic (www.meetic.fr).

DISCUTEZ SUR LE WEB

Forums de discussion

Beaucoup de sites Web gèrent un forum (ou groupe) de discussion. Les visiteurs peuvent y laisser un message qui est aussitôt affiché sur le site : d'autres internautes peuvent ainsi en prendre connaissance et y répondre. Certains forums concernent directement le site ou la société qui les héberge. D'autres abordent des sujets spécifiques, tels que le jardinage ou la photo numérique. Vous trouverez de nombreux forums dans la section Groupes de Google (http://groups.google.fr).

Chat

Le *chat* désigne l'échange de messages en temps réel entre des internautes par le biais d'un site Web, et plus précisément d'une section appelée *salle de conversation*. Selon la popularité du site, il peut y avoir de deux ou trois participants à plusieurs dizaines. Au sein de nombreuses salles de conversation, vous pouvez demander à vous « isoler » dans une salle privée avec l'un des interlocuteurs pour dialoguer tous les deux, uniquement.

Choisissez un sujet

Les sites Web personnels qui rencontrent le plus grand succès sont ceux qui traitent juste un ou deux sujets. Si vous avez effectué un voyage intéressant récemment ou si vous possédez un passe-temps favori, une passion, un sport préféré, un certain talent artistique ou toute autre chose que vous souhaitez partager avec le plus grand nombre, créez un site sur ce thème. Beaucoup de personnes décident également de créer un site Web pour parler des derniers événements au sein de leur famille et partager des photos avec des amis et des membres de la famille.

Vous pouvez créer votre site Web personnel en produisant plusieurs pages Web et en les publiant sur le Web.

Pour publier des pages Web, vous devez ouvrir un compte auprès d'un hébergeur de sites. Cette société vous alloue un certain espace pour stocker vos pages Web, ainsi qu'un serveur Web pour afficher vos pages quand des visiteurs veulent y accéder.

Procurez-vous un éditeur de pages Web

Une page Web se crée au moyen d'un programme appelé éditeur de pages Web ou, plus exactement, éditeur HTML (HTML désigne le langage dans lequel sont écrites les pages). Parmi les éditeurs connus, citons WebExpert (http://software.visicommedia.com/fr/) et FrontPage, intégré à la suite Microsoft Office Professionnal ou disponible séparément sur http://www.microsoft.com/france/office/frontpage.

Espace de stockage

L'espace de stockage correspond à la place que l'hébergeur vous octroie sur son serveur pour enregistrer vos fichiers. Par exemple, si vous êtes limité à un méga-octet, la taille totale de tous les fichiers composant votre site ne doit pas dépasser 1 Mo. Les fichiers HTML ne sont pas gros, mais les images peuvent l'être ; il est donc important de prendre en compte la limite de taille imposée par l'hébergeur. Généralement, vous pouvez obtenir davantage d'espace de stockage en payant plus.

Nom de domaine

Un nom de domaine est une adresse Internet, comme google.fr ou efirst.com. La plupart du temps, ce sont les hébergeurs qui fournissent ces noms aux créateurs de sites Web. Il existe deux types de noms de domaine. Le premier est standard, comme mondomaine.fr. Le second correspond à un nom de sous-domaine, comme mondomaine.domainehebergeur.fr, la partie domainehebergeur.fr étant en fait le nom de domaine de l'hébergeur du site.

Bande passante

La *bande passante* désigne la quantité de données transmises par le serveur. Par exemple, si vous avez publié une page Web de 10 Ko (images comprises) et si dix personnes y accèdent, soit en même temps, soit au cours d'une certaine période, la bande passante totale atteint 100 Ko. La plupart des hébergeurs de sites Web fixent une limite pour cette bande, généralement exprimée par un nombre de méga-octets ou giga-octets mensuels.

Fonctionnalités supplémentaires

Au moment de choisir un hébergeur de sites Web, lisez attentivement les fonctionnalités ou caractéristiques complémentaires. Par exemple, voyez s'il propose la possibilité d'avoir plusieurs boîtes aux lettres. Intéressez-vous également à l'*uptime*, c'est-à-dire au pourcentage de temps pendant lequel le serveur est opérationnel et aux scripts pour des éléments comme des livres d'or. Enfin, regardez si vous devez afficher de la publicité pour l'hébergeur sur vos pages (cette condition est très fréquente pour les hébergeurs gratuits).

OUVREZ INTERNET EXPLORER

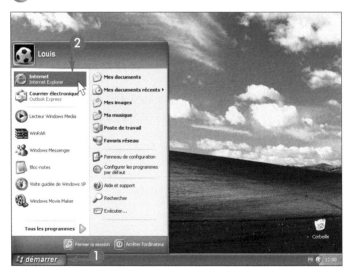

1. Connectez-vous à l'Internet (voir le chapitre 2).

2. Cliquez **démarrer**.

3. Cliquez **Internet**.

Note. Si votre ordinateur est configuré pour que l'élément Internet du menu Démarrer lance un autre navigateur qu'Internet Explorer, cliquez **Tous les programmes** ⇨ **Internet Explorer**.

*P*our naviguer sur le Web, utilisez
Internet Explorer, le programme de
navigation Web intégré à Windows XP.

● La fenêtre d'Internet
Explorer apparaît.

Titre de la page web

Cette zone affiche le titre de la page Web affichée à l'écran.

Barre d'adresse

Cette zone de texte affiche l'adresse de la page Web consultée. Vous pouvez aussi utiliser la Barre d'adresse pour taper l'adresse de la page Web que vous souhaitez visiter.

Lien en cours

C'est le lien que vous pointez avec la souris. Le pointeur de la souris passe de ⟍ à ⸜ᐟ⁵. Généralement, le lien apparaît alors souligné et change de couleur.

Liens

Les liens sont constitués soit de texte, soit d'images. Dans la plupart des pages (mais pas dans cet exemple), les liens de texte apparaissent soulignés et d'une couleur (en général bleue) différente de celle du reste du texte.

Barre d'état

Cette zone affiche l'état d'Internet Explorer. Par exemple, elle indique *Ouverture de la page* lorsque vous téléchargez une page Web et *Terminé* lorsque la page est chargée. Quand vous placez le pointeur sur un lien, la barre d'état affiche l'adresse de la page associée à ce lien.

AFFICHEZ UNE PAGE WEB

AFFICHEZ UNE PAGE WEB

1 Cliquez dans la barre d'adresse.

*L*orsque vous connaissez l'adresse d'une page Web, vous pouvez la saisir dans le navigateur pour qu'il affiche cette page.

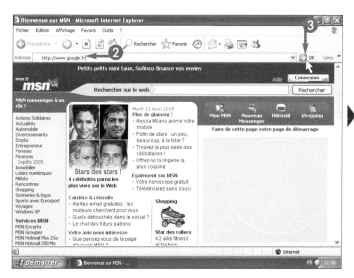

② Tapez l'adresse de la page Web.

③ Cliquez 🔁 .

89

AFFICHEZ UNE PAGE WEB (SUITE)

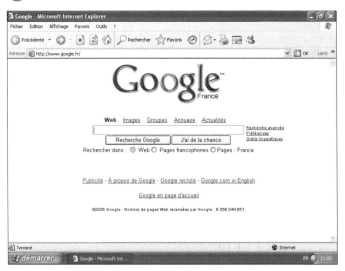

● La page Web apparaît.

● Le titre de la page Web change quand la page est chargée.

Quels sont les raccourcis pour saisir une adresse Web ?

Voici quelques techniques clavier souvent utilisées :

⬤ Après avoir tapé l'adresse, appuyez sur `Entrée` plutôt que de cliquer ➡.

⬤ La plupart des adresses Web commencent par http://. Il n'est cependant pas nécessaire de taper ces caractères, car Internet Explorer les ajoute automatiquement.

⬤ Pour une adresse du type *http://www.site.com*, tapez seulement « site » et appuyez sur `Ctrl` + `Entrée`. Internet Explorer ajoute automatiquement *http://www* au début et *.com* à la fin.

AFFICHER UNE PAGE WEB DÉJÀ VISITÉE

① Cliquez ⋁ dans la barre d'adresse. La liste des adresses consultées précédemment apparaît.

② Cliquez l'adresse souhaitée.

⬤ La page Web apparaît.

Note. Si vous tapez les premières lettres d'une adresse (par exemple, goog), la barre d'adresse affiche la liste des adresses qui commencent par ces lettres. Si vous repérez l'adresse voulue, cliquez-la pour charger la page.

SÉLECTIONNEZ UN LIEN

SÉLECTIONNEZ UN LIEN

1 Placez le pointeur ↗ sur le lien (↗ devient ♙).

2 Cliquez le texte ou l'image.

● L'état du téléchargement s'affiche dans la barre d'état.

Note. L'adresse indiquée dans la barre d'état lorsque vous pointez un lien peut être différente de celle affichée lors du téléchargement de cette page. C'est le cas lorsque le site Web « redirige » le lien, ce qui arrive fréquemment.

La plupart des pages Web contiennent des liens vers d'autres pages, dont le contenu est souvent apparenté à celui de la page d'origine. Vous pouvez cliquer ces liens pour naviguer vers d'autres pages Web.

Il n'est pas toujours facile de savoir quels mots, phrases ou images sont des liens. La seule façon d'en être certain est de pointer le texte ou l'image ; si le pointeur ⤢ devient ᕀ, il s'agit d'un lien.

● La page Web apparaît.

● Le titre et l'adresse de la page Web apparaissent lorsque la page est chargée.

NAVIGUEZ DE PAGE EN PAGE

NAVIGUEZ DE PAGE EN PAGE

RECULER D'UNE PAGE

1 Cliquez 🡐.

● La page précédente apparaît.

*S*i vous avez visité plusieurs pages, vous pouvez retourner à l'une d'elles. Plutôt que de retaper l'adresse ou rechercher le lien, Internet Explorer propose quelques moyens simples de les atteindre.

Lorsque vous naviguez de page en page, vous pouvez revenir à une page déjà visitée depuis que vous avez lancé le navigateur.

RECULER DE PLUSIEURS PAGES

1 Cliquez ⊡ dans la liste Précédente.

● La liste des sites précédemment visités apparaît.

2 Cliquez la page voulue.

● La page s'affiche.

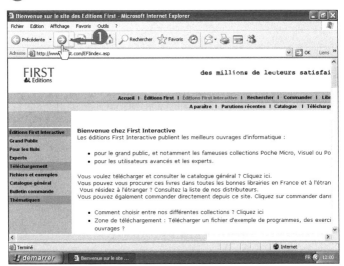

AVANCER D'UNE PAGE

1 Cliquez .

● La page que vous avez visitée après la page en cours s'affiche.

Note. Si la page en cours d'affichage est la dernière visitée depuis que vous avez lancé le navigateur, l'icône est inactive.

Puis-je me rendre sur la page suivante ou précédente tout en gardant la page actuelle affichée à l'écran ?

Oui, en ouvrant une nouvelle fenêtre d'Internet Explorer. Gardez la page actuelle dans la fenêtre d'origine, et utilisez-en une seconde pour aller à une page précédente ou suivante. Voici comment faire :

1 Cliquez **Fichier** ⇨ **Nouveau** ⇨ **Fenêtre**.

● Une copie de la fenêtre d'Internet Explorer apparaît.

2 Cliquez les boutons **Précédente** ou **Suivante** de cette nouvelle fenêtre pour atteindre la page voulue.

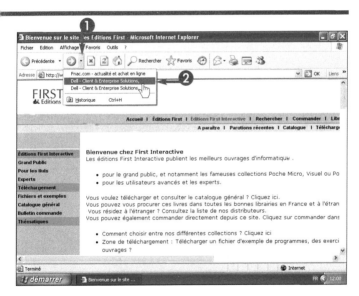

<u>AVANCER DE PLUSIEURS PAGES</u>

1 Cliquez ⋮ de la liste Suivante.

● La liste des pages que vous avez visitées s'affiche.

2 Cliquez la page voulue.

● La page apparaît.

CONSULTEZ L'HISTORIQUE

CONSULTEZ L'HISTORIQUE

1 Cliquez 🕒.

*A*vec les boutons Suivante et Précédente, vous ne pouvez afficher que les pages visitées lors de la navigation en cours. Pour retourner sur des sites que vous avez visités quelques jours ou semaines auparavant, vous devez utiliser l'historique.

● L'historique apparaît.

❷ Cliquez le jour ou la semaine où vous avez visité le site que vous voulez consulter de nouveau.

CONSULTEZ L'HISTORIQUE

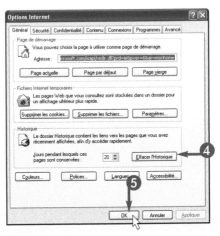

CONSULTEZ L'HISTORIQUE (SUITE)

La liste des sites que vous avez consultés durant la journée ou la semaine choisie apparaît.

3 Cliquez le site contenant la page voulue.

**Puis-je effacer l'historique des pages
que j'ai visitées ?**

Oui. Voici comment :

1 Cliquez **Outils**.

2 Cliquez **Options Internet**.

2 Cliquez **Effacer l'historique**.

4 Cliquez **Oui**.

5 Cliquez **OK**.

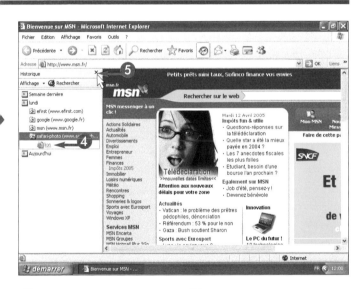

● La liste des pages
consultées sur le site
apparaît.

4 Cliquez la page que
vous souhaitez afficher.

● La page apparaît.

5 Lorsque vous avez
terminé, cliquez **X** pour
fermer l'historique.

MODIFIEZ LA PAGE DE DÉMARRAGE

MODIFIEZ LA PAGE DE DÉMARRAGE

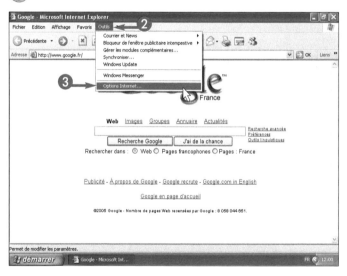

① Affichez la page que vous voulez définir comme page de démarrage.

② Cliquez **Outils**.

③ Cliquez **Options Internet**.

*L*a page de démarrage est la page Web
qui apparaît lorsque vous lancez Internet
Explorer. Par défaut, cette page est le
site MSN.fr, mais vous pouvez la
remplacer par une page de votre choix.

Il se peut que la page de démarrage par
défaut de votre version d'Internet
Explorer ne soit pas MSN.fr. Certains
fabricants d'ordinateurs configurent leur
propre site comme page de démarrage
par défaut.

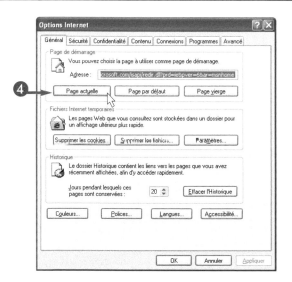

● La boîte de dialogue
Options Internet apparaît.

❹ Cliquez **Page actuelle**.

MODIFIEZ LA PAGE DE DÉMARRAGE

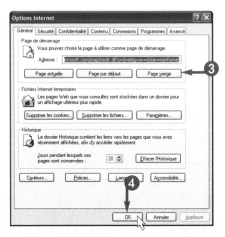

③

④

MODIFIEZ LA PAGE DE DÉMARRAGE (SUITE)

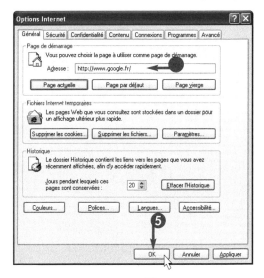

⑤

● L'adresse de la page Web apparaît dans la zone Adresse.

⑤ Cliquez **OK**.

Puis-je configurer Internet Explorer pour qu'il n'affiche aucune page de démarrage ?

Oui, voici les étapes à suivre :

1 Cliquez **Outils**.

2 Cliquez **Options Internet**.

3 Cliquez **Page vierge**.

4 Cliquez **OK**.

AFFICHER LA PAGE
DE DÉMARRAGE

1 Cliquez 🏠.

● La page de démarrage s'affiche.

ENREGISTREZ UNE PAGE WEB FAVORITE

ENREGISTREZ UNE PAGE WEB FAVORITE

① Affichez la page Web que vous voulez enregistrer dans les Favoris.

② Cliquez **Favoris**.

③ Cliquez **Ajouter aux Favoris**.

ous visitez sans doute souvent certaines pages Web. Pour gagner du temps, vous pouvez les enregistrer dans les Favoris d'Internet Explorer afin de les afficher ensuite en deux clics.

Les Favoris sont constitués d'une liste de pages Web que vous avez enregistrées. Plutôt que de saisir ou de rechercher l'adresse de ces pages, affichez-les en cliquant leur adresse dans la liste des Favoris.

● La boîte de dialogue Ajout de Favoris apparaît.

④ Si nécessaire, modifiez le nom proposé pour la page.

⑤ Cliquez **OK**.

ENREGISTREZ UNE PAGE WEB FAVORITE

ENREGISTREZ UNE PAGE WEB FAVORITE (SUITE)

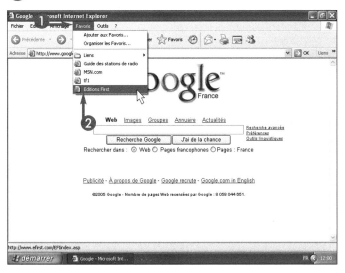

AFFICHER UNE PAGE FAVORITE

❶ Cliquez **Favoris**.

● La liste Favoris apparaît.

❷ Cliquez la page voulue.

Existe-il un moyen plus rapide d'afficher les pages enregistrées dans les Favoris ?

Oui. Laissez visible en permanence la liste Favoris en effectuant les étapes suivantes :

1 Cliquez ⭐.

● La liste Favoris apparaît dans la partie gauche de la fenêtre d'Internet Explorer.

2 Cliquez la page souhaitée.

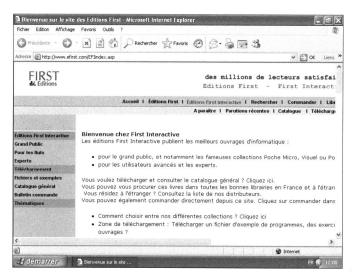

● La page Web s'affiche.

RECHERCHEZ DES INFORMATIONS

RECHERCHEZ DES INFORMATIONS

1 Tapez **google.fr** dans la barre d'adresse d'Internet Explorer.

2 Cliquez ➡.

*S*i vous recherchez des informations sur un sujet précis sur le Web, utilisez un moteur de recherche. Vous trouverez rapidement les sites traitant du sujet qui vous intéresse.

Il existe sur le Web un grand nombre de moteurs de recherche, dont les plus connus sont Google (www.google.fr) et Yahoo! (www.yahoo.fr), qui vous permettront de trouver ce que vous recherchez.

La page du site Google apparaît.

3 Cliquez la zone de texte, puis tapez un mot, une phrase ou une question concernant les informations que vous recherchez.

4 Si vous ne voulez obtenir que des résultats en français, cliquez **Pages francophones**.

5 Cliquez **Recherche Google** ou appuyez sur la touche Entrée.

RECHERCHEZ DES INFORMATIONS

Google	www.google.fr
AltaVista	www.altavista.fr
Excite	www.excite.fr
Yahoo!	www.yahoo.fr
Lycos	www.lycos.fr
Voila	www.voila.fr

RECHERCHEZ DES INFORMATIONS (SUITE)

● Une liste des pages correspondant à la recherche apparaît. Chaque site est accompagné d'une brève description de son contenu.

⑥ Cliquez une page Web dans les résultats.

Puis-je utiliser d'autres moteurs de recherche ?

Oui. Dans Internet Explorer, tapez l'adresse du moteur de recherche, puis lancez la recherche à partir de la page qui s'affiche. Vous trouverez ci-contre l'adresse des moteurs de recherche les plus courants.

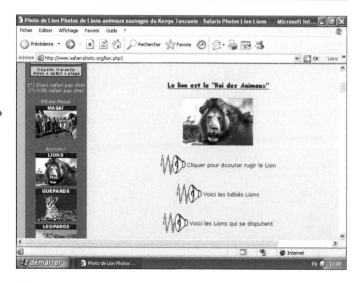

● La page demandée apparaît.

BLOQUEZ LES POP-UPS PUBLICITAIRES

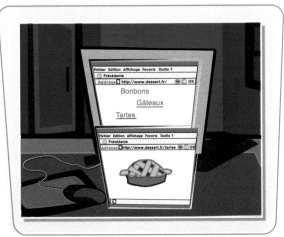

BLOQUEZ LES POP-UPS PUBLICITAIRES

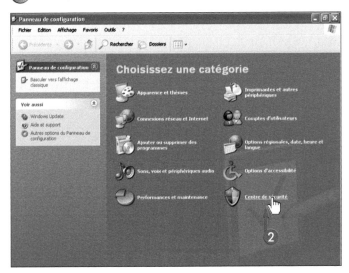

1 Cliquez **démarrer** ⇨ **Panneau de configuration** pour ouvrir le Panneau de configuration.

2 Cliquez **Centre de sécurité**.

*V**otre navigation sur le Web risque souvent d'être perturbée par des pop-ups, petites fenêtres publicitaires qui s'affichent à votre insu. La version SP2 de Windows XP intègre un outil qui permet de les bloquer.*

Pour télécharger et installer la version SP2 de Windows XP, connectez-vous au site windowsupdate.microsoft.com.

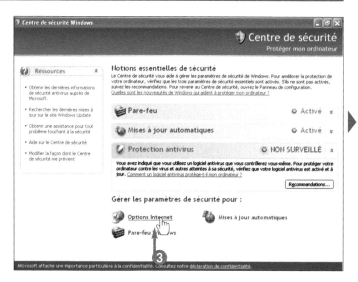

● La fenêtre du Centre de sécurité apparaît.

❸ Cliquez **Options Internet**.

BLOQUEZ LES POP-UPS PUBLICITAIRES

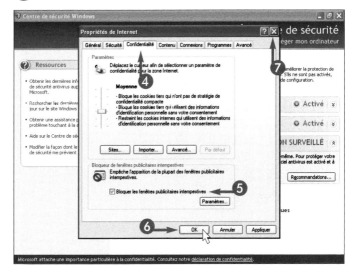

● La boîte de dialogue Propriétés de Internet apparaît.

④ Cliquez l'onglet **Confidentialité**.

⑤ Cochez la case **Bloquer les fenêtres publicitaires intempestives**.

⑥ Cliquez **OK**.

⑦ Cliquez ce bouton pour fermer le Centre de sécurité.

Existe-t-il d'autres solutions pour bloquer les pop-ups ?

Si vous ne travaillez pas sous Windows XP, vous pouvez télécharger et installer des logiciels gratuits, spécialement conçus pour le blocage des pop-ups, comme 12Ghosts (12ghosts.com/ghosts/popup.htm) ou BlocPub (l'un des rares anti-popups performants en français), ainsi que la barre d'outils Google. Certains navigateurs, dont Netscape Navigator, intègrent un système de blocage des pop-ups.

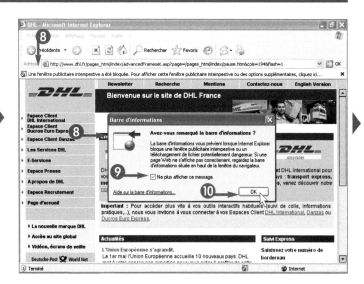

8 Consultez un site Web comme à l'accoutumée.

● Si Windows bloque une fenêtre pop-up, il affiche une barre d'informations et un message d'avertissement.

9 Cochez la case **Ne plus afficher ce message**, afin que le blocage des pop-ups n'interrompe plus systématiquement votre navigation.

10 Cliquez **OK**.

117

VIE PRATIQUE

Chez-Vous

Le guide du service à domicile pour les Parisiens (restauration, fêtes, loisirs, gardes d'enfants, aides, *etc*.).

URL www.chez-vous.com

Le Particulier

Vos droits au quotidien, avec fiches juridiques en libre consultation.

URL www.leparticulier.fr

Service Public

Le portail de l'administration française. Pour connaître vos droits et vous faciliter les démarches.

URL www.service-public.fr

Legifrance

L'essentiel du droit français : la mise en ligne officielle de textes de loi.

URL www.legifrance.gouv.fr

Météo France

Cartes des prévisions en France, en Europe et dans le monde.

URL www.meteo.fr

Que Choisir

Découvrez l'histoire, les prises de positions et les dossiers de l'Union fédérale des consommateurs.

URL www.quechoisir.org

Mappy

Calcul d'itinéraires automobiles (avec estimation des distances, de la rapidité et du coût) pour tous vos déplacements en France et en Europe.

URL www.mappy.fr

ANPE

Conseils pour la recherche d'emploi, offres consultables gratuitement, adresses des différentes agences.

URL www.anpe.fr

Libération

Retrouvez le sommaire et les articles du quotidien, ainsi que des dossiers et des forums pour échanger vos opinions.

URL www.liberation.fr

Le Monde

Version en ligne du quotidien d'information avec archives et services interactifs.

URL www.lemonde.fr

Yahoo! Actualités

Les dépêches d'actualité des plus grandes agences de presse, actualisées en temps réel.

URL fr.news.yahoo.com

Paris Match

Le poids des mots et le choc des photos sur le Web.

URL www.parismatch.com

Radio France

Retrouvez la grille des programmes et les fréquences des stations de Radio France, avec diffusion en direct des émissions.

URL www.radiofrance.fr

LCI

Le site Web de la chaîne d'informations en continu.

URL www.lci.fr

France 2

L'actualité avec les dépêches et les vidéos du JT, la grille des programmes et des différentes émissions de la chaîne.

URL www.france2.fr

Actustar

Toute l'actualité des stars. Au menu : potins, brèves, fiches et interviews pour régaler les fans.

URL www.actustar.fr

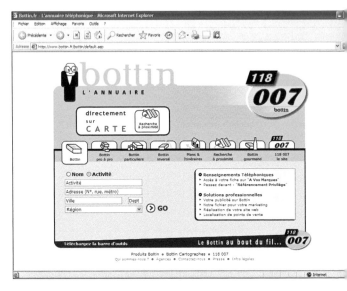

Bottin.fr

Annuaire des entreprises françaises. Recherche par raison sociale, activité, ville, département ou région.

URL www.bottin.fr

Kompass

Pour trouver les coordonnées et d'autres informations sur une entreprise en France et dans le monde.

URL www.kompass.fr

Europages

Annuaire européen des affaires. Recherche par raison sociale, produit ou service.

URL www.europages.com/home-fr.html

Greftel

Information officielle économique et juridique sur les entreprises.

URL www.infogreffe.fr

Euronext Paris

Le cours des indices des différents marchés, le palmarès des valeurs, les introductions, les dernières opérations financières et des informations sur les sociétés cotées.

URL www.euronext.com/fr

Journal des finances

Conseils sur les sociétés cotées et informations sur l'évolution des marchés destinées aux actionnaires individuels.

URL www.jdf.com

Boursorama

Annuaire de la finance recensant plusieurs milliers de sites financiers internationaux (classés par thème et par pays).

URL www.boursorama.com

Les Échos

Toute l'actualité économique et financière en temps réel.

URL www.lesechos.fr

ACHATS

Amazon

Pour commander des produits culturels : livres, disques, vidéos et jeux vidéo. Les clients peuvent donner leur avis sur chaque article.

URL www.amazon.fr

Alapage

Vente de produits culturels et de loisirs (livres, musique, vidéo, CD-ROM, informatique, jeux).

URL www.alapage.fr

Fnac

Achetez en ligne tous les produits des magasins Fnac : livres, musique, vidéo, matériel, billets de spectacles et voyages.

URL www.fnac.com

Telemarket

Un supermarché pour faire ses courses en ligne : choisissez vos articles, passez commande, puis faites livrer. La commande peut être payée à la livraison.

URL www.telemarket.fr

Carrefour

Retrouvez en ligne tous les produits, les services et les promotions de l'enseigne Carrefour.

URL www.carrefour.fr

eBay

Sites d'enchères en ligne pour vendre ou acheter tous types d'articles d'occasion.

URL www.ebay.fr

BuyCentral

Vous êtes perdu dans la forêt des sites marchands ? Ce guide d'achat en ligne (qui en répertorie plus de 1 500) vous aide à faire le bon choix.

URL www.buycentral.fr

Kelkoo

Un guide pour comparer les prix des différentes boutiques en ligne et trouver les meilleures offres du Net marchand.

URL fr.kelkoo.com

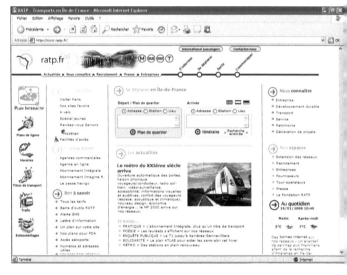

RATP

Itinéraires conseillés, plan du réseau (métro, autobus, tramway, RER), services (horaires, abonnements, état du trafic, accès aux aéroports, *etc*.)

URL www.ratp.fr

SNCF

Tarifs, horaires, réductions, fret et réservations en ligne : tout pour préparer son voyage en France et à l'étranger.

URL www.sncf.com

Air France

Tarifs, horaires et achats en ligne pour tous les vols au départ de la France, informations en temps réel sur les vols.

URL www.airfrance.fr

Nouvelles Frontières

Catalogue en ligne du voyagiste et vente aux enchères de séjours et de billets.

URL www.nouvelles-frontieres.fr

Bourses des vols et des voyages

Centrale de réservation en ligne des vols et des voyages organisés de 80 compagnies aériennes et de 40 voyagistes.

URL www.bourse-des-voyages.com

Uniterre

L'annuaire des carnets de voyage en ligne. De nombreuses galeries sur les destinations du monde entier et des liens utiles pour les voyageurs.

URL www.uniterre.com

Degriftour

Le soldeur des invendus du voyage. Spécialiste des réservations de dernière minute.

URL www.degriftour.fr

Conseils aux voyageurs

La page du ministère des Affaires étrangères consacrée aux formalités d'accès aux différents pays du monde, assortie de conseils et de mises en garde.

URL www.diplomatie.gouv.fr/voyageurs

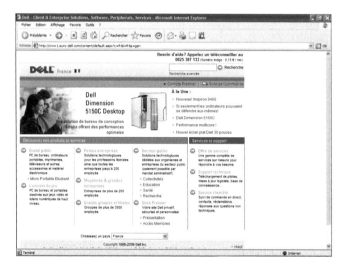

Microsoft

Le site de la société éditrice du système d'exploitation Windows, et de très nombreux logiciels. Vous pourrez télécharger la dernière version du navigateur Internet Explorer.

URL www.microsoft.com/france

Apple

Pour obtenir les dernières informations sur Macintosh et télécharger le plug-in de diffusion vidéo QuickTime.

URL www.apple.com/fr

Dell

Le fabricant de matériel informatique fut le pionnier de la vente d'ordinateurs en ligne.

URL www.dell.fr

Télécharger.fr

Annuaire de logiciels en shareware et freeware à télécharger. Les programmes sont classés par thème.

URL www.telecharger.fr

Choisir son PC

Tous les conseils pour acheter et configurer un PC.

URL www.choixpc.com

Symantec

L'éditeur du logiciel antivirus Norton et d'autres solutions pour sécuriser et protéger votre ordinateur. Pour obtenir les dernières mise à jour et les informations sur les virus les plus coriaces.

URL www.symantec.fr

Hotmail

Le leader des services de messagerie électroniques gratuits.

URL www.hotmail.fr

Free

Le fournisseur d'accès Internet gratuit. Inscrivez-vous pour obtenir un numéro d'abonné et vous connecter en ne payant que les communications au tarif Internet.

URL www.free.fr

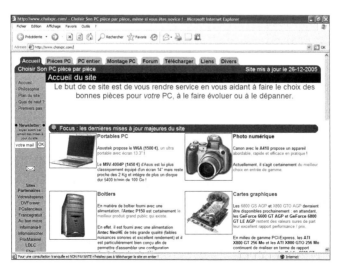

Ministère de la Culture

Le portail le plus complet sur la culture : l'actualité, la liste de toutes les administrations européennes, les aides à la création, les chiffres clés.

URL www.culture.fr

Télérama

La version Web de l'hebdomadaire : les programmes TV et radio commentés, toute l'actualité culturelle, des forums et une sélection de sites.

URL www.telerama.fr

ZoneJeux

Pour les mordus de jeux vidéo et pour ceux qui veulent s'y initier. Communautés de joueurs, jeux en réseau, actualités et tests.

URL www.zonejeux.com

Musée du Louvre

Les activités et l'actualité du Louvre, un parcours virtuel à travers les collections à effectuer avant ou après la visite réelle du musée.

URL www.louvre.fr

France Billet

Billetterie en ligne : pour réserver et acheter des billets de spectacle, sports et loisirs dans toute la France.

URL www.francebillet.com

Humour.com

Brèves insolites, images et blagues à savourer et partager entre amis internautes.

URL www.humour.com

Marmiton

Plus de 14 000 recettes en ligne, avec des suggestions saisonnières et des sélections pour budget léger.

URL www.marmiton.org

AlloCiné

L'actualité et les bandes-annonces des sorties cinématographiques ainsi que la liste de toutes les séances en France.

URL www.allocine.fr

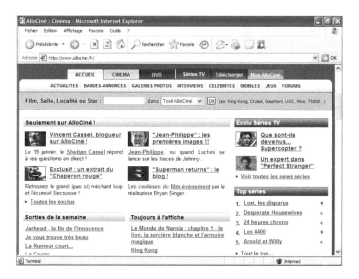

PARTIE
3

Profitez du multimédia sur l'Internet

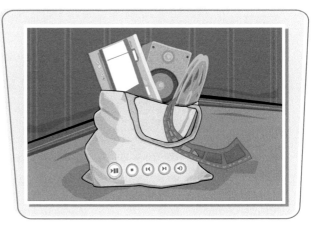

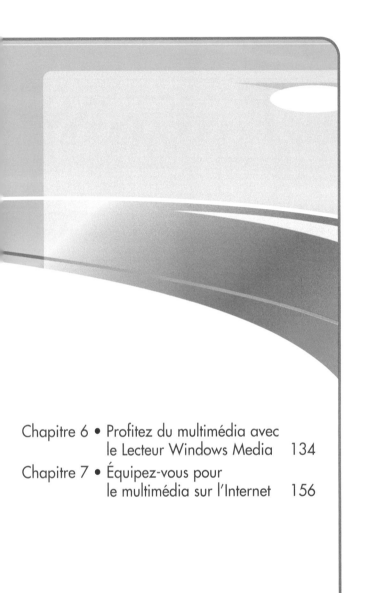

OUVREZ LE LECTEUR WINDOWS MEDIA

OUVREZ LE LECTEUR WINDOWS MEDIA

① Cliquez **démarrer**.

② Pointez **Tous les programmes**.

③ Cliquez **Lecteur Windows Media**.

*W*indows XP fournit un outil appelé Lecteur Windows Media qui permet de lire du son et de la vidéo. Pour pouvoir utiliser le programme, apprenez à l'ouvrir. Dès que vous avez fini de vous en servir, quittez le Lecteur Windows Media pour éviter de trop solliciter la mémoire du processeur.

● Le Lecteur Windows Media s'ouvre.

OUVREZ LE LECTEUR WINDOWS MEDIA

OUVREZ LE LECTEUR WINDOWS MEDIA (SUITE)

AGRANDIR LA FENÊTRE

● Par défaut, la fenêtre du Lecteur Windows Media est en mode complet, mais réduite.

❶ Cliquez ⬚.

● Le Lecteur Windows Media apparaît désormais dans une fenêtre classique dotée d'une barre de menus.

● Pour masquer de nouveau la barre de menus, cliquez ⬚.

*P*our savoir quelle version du Lecteur
Windows Media vous utilisez, cliquez le
menu ? ⇨ À propos du Lecteur Windows
Media. Si vous voulez mettre le logiciel à
jour (gratuitement) avec la toute dernière
version, cliquez ? ⇨ Vérifier si des mises à
jour du Lecteur sont disponibles. Vous
devez vous être connecté au préalable à
l'Internet. La version du Lecteur Windows
Media utilisée dans cet ouvrage est la
version 10.

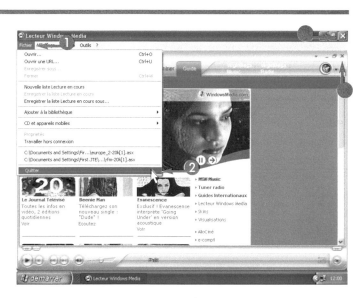

QUITTER LE LECTEUR
WINDOWS MEDIA

① Cliquez **Fichier**.

② Cliquez **Quitter**.

● Vous pouvez aussi
cliquer ☒ ou ☒ pour
fermer la fenêtre.

● La fenêtre du Lecteur
Windows Media se referme.

LA FENÊTRE DU LECTEUR WINDOWS MEDIA

*F*amiliarisez-vous avec les différentes parties de la fenêtre du Lecteur Windows Media, afin de pouvoir profiter pleinement de ses fonctionnalités et lire DVD, vidéos et titres musicaux.

Barre de titre

La barre de titre indique le nom du programme.

Bouton d'accès rapide

Cliquez ce bouton pour afficher un menu proposant d'autres sélections ou d'autres sources à contenu multimédia.

Barre de menus

Cette barre contient différents menus sur lesquels vous devez cliquer pour afficher des commandes de gestion des éléments multimédias.

Commandes de lecture

Ces boutons permettent de piloter la lecture d'un contenu multimédia et de régler le volume sonore.

Barre des tâches

Cette barre contient des onglets donnant accès à des fonctionnalités précises du Lecteur Windows Media, et à des radios et magasins de vente de musique en ligne.

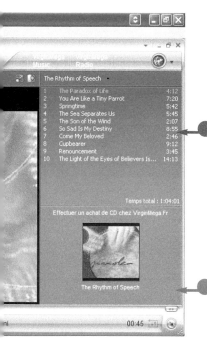

Volet Sélection

Ce volet affiche la liste des titres ou fichiers multimédias du CD ou du DVD, ou encore une liste de lecture personnalisée.

Volet Vidéo et visualisation

Ce volet affiche la vidéo en cours de lecture ou, s'il s'agit de musique, un effet visuel (appelé visualisation) ou des informations sur le titre musical.

Volet Informations sur le média

Ce volet indique des informations sur le contenu en cours de lecture, comme le titre et la pochette du disque ou du DVD.

LISEZ UN FICHIER AUDIO OU VIDÉO

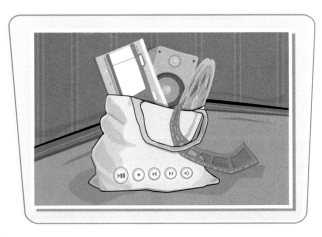

● LISEZ UN FICHIER AUDIO OU VIDÉO

① Cliquez l'onglet **Bibliothèque**.

② Affichez le contenu du dossier dans lequel se trouve le fichier audio ou vidéo à lire.

③ Cliquez le fichier audio ou vidéo à lire.

④ Cliquez **Lecture** (▶).

Le Lecteur Windows Media peut lire les fichiers audio stockés dans votre Bibliothèque. Lorsque vous sélectionnez l'un d'eux dans la liste de la Bibliothèque pour le lire, cliquez l'onglet Lecture en cours pour afficher une visualisation du morceau.

● Le Lecteur Windows Media commence la lecture du fichier audio ou vidéo.

● Cliquez l'onglet **Lecture en cours** pour afficher une visualisation du fichier audio.

● Cliquez ces boutons pour contrôler la lecture du titre musical ou de la vidéo.

RÉGLEZ LE VOLUME

RÉGLEZ LE VOLUME

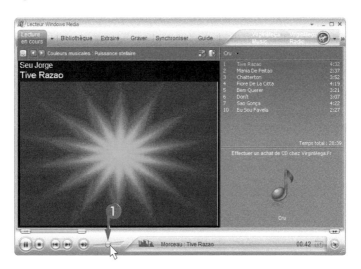

1 Cliquez et déplacez le curseur **Volume** vers la gauche (pour diminuer le volume) ou la droite (pour augmenter le volume).

Augmentez ou diminuez le volume sonore du Lecteur Windows Media pour votre confort d'écoute.

COUPER LE VOLUME

1 Cliquez **Muet** ( ).

*Note. Pour rétablir le volume,
cliquez **Son** ( ).*

143

UTILISEZ LE GUIDE

UTILISEZ LE GUIDE

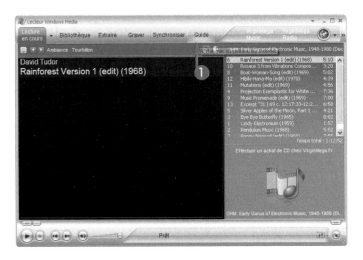

1 Cliquez l'onglet **Guide**.

Note. Si vous n'êtes pas connecté à Internet à ce moment précis, un message vous invite à le faire.

*L*e Guide du Lecteur Windows Media est un peu comme un magazine électronique qui vous permet d'accéder aux dernières musiques ou vidéos disponibles sur Internet. Vous y trouverez également des informations sur des sujets divers (actualités, sports, divertissements, etc.).

● Cette zone affiche le Guide, page Web quotidiennement mise à jour pour donner accès aux dernières vidéos et musiques disponibles sur Internet.

UTILISEZ LE GUIDE

● Le Guide contient des liens permettant d'afficher des informations complémentaires ou de lire des fichiers multimédias tels que des vidéos ou de la musique. Si vous placez le pointeur 🖑 sur un lien, ce pointeur devient 🖑 .

❷ Cliquez un thème de votre choix pour consulter des informations plus spécifiques.

*V*ous pouvez cliquer les boutons
Précédent et Suivant au sommet du
Guide pour parcourir les pages de ce
dernier. Pour revenir à la page d'accueil
du Guide, cliquez ⌂.

● Des informations sur le
thème sélectionné
apparaissent.

❸ Répétez éventuellement
l'étape **2** pour trouver
d'autres informations.

147

ACHETEZ DE LA MUSIQUE
SUR L'INTERNET

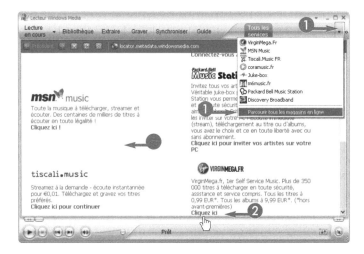

① Cliquez 🔽 ➪ **Parcourir tous les magasins en ligne**.

● La liste de tous les services disponibles s'affiche.

② Cliquez le service que vous souhaitez utiliser.

*L*e Lecteur Windows Media donne accès
à différents services de vente de musique
en ligne, parmi lesquels VirginMega ou
MSN Music.

③ Cliquez le lien permettant de
vous abonner.

⬤ Une page Web correspondant
au service sélectionné s'affiche
dans le Lecteur Windows Media.

*Note. Vous devez être connecté
à l'Internet pour vous abonner
à un service en ligne.*

ACHETEZ DE LA MUSIQUE SUR L'INTERNET

ACHETER DE LA MUSIQUE SUR L'INTERNET (SUITE)

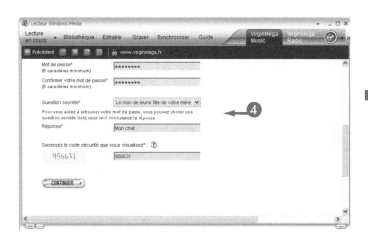

● Lorsque vous vous abonnez à un service, vous devez créer un compte.

④ Saisissez les informations pour créer un compte.

● Le type d'information à saisir varie d'un compte à l'autre.

*L*es services de vente de musique en ligne proposent également des stations de radio, que vous pouvez écouter quand vous êtes connecté à l'Internet. Cliquez le bouton Radio à droite du bouton du magasin.

Vous pouvez généralement choisir la musique à écouter, en créant votre programmation à la carte.

● Après avoir créé un compte, vous pouvez commencer à acheter et télécharger de la musique sur votre ordinateur.

Note. Avec certains abonnements, il peut être nécessaire d'installer un logiciel spécifique pour utiliser le service.

ÉCOUTEZ LA RADIO SUR L'INTERNET

ÉCOUTEZ LA RADIO SUR L'INTERNET

1 Ouvrez le Lecteur Windows Media.

2 Cliquez l'onglet Guide.

3 Cliquez le lien **Tuner radio**.

*L*e Lecteur Windows Media permet d'écouter des stations de radio diffusant leurs programmes par l'Internet. Vous avez accès à un ensemble de radios présélectionnées, classées par genres (rock, jazz, classique, etc.). Pour écouter une station de radio par l'Internet, vous devez vous être connecté au préalable à l'Internet et avoir équipé votre PC de périphériques audio.

● Le Lecteur Windows Media affiche la page Tuner radio, avec une liste de radios présélectionnées.

④ Cliquez la station de votre choix.

ÉCOUTEZ LA RADIO SUR L'INTERNET

ÉCOUTEZ LA RADIO SUR L'INTERNET (SUITE)

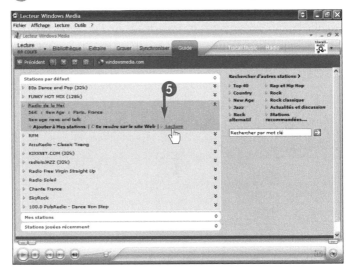

● Le Lecteur Windows Media affiche une description de la station assortie de quelques liens.

5 Cliquez le lien Lecture.

Comment faire si je ne trouve pas de lien Lecture ?

Cliquez le lien Se rendre sur le site Web pour visiter le site Web de la station de radio. Vous y trouverez un lien qui vous permettra d'écouter ses programmes au moyen de votre navigateur Web.

● Le Lecteur Windows Media se connecte à la station de radio et diffuse ses programme.

Note. Il se peut que le navigateur ouvre une fenêtre sur le site de la station.

● Cliquez ⊙ pour interrompre la diffusion des programmes.

6 Cliquez ☒ pour arrêter définitivement d'écouter la radio et fermer le Lecteur Windows Media.

DIFFUSEZ DE LA VIDÉO AVEC UNE WEBCAM

Photos en direct

La plupart des Webcam sont livrées avec un logiciel qui permet de prendre des photos à intervalles réguliers. Ces photos peuvent ensuite être envoyées sur un site Internet pour les afficher en direct. La plupart des logiciels de diffusion par webcam permettent également d'envoyer des photos par courrier électronique.

*U*ne webcam permet de prendre des photos directement sur votre ordinateur ou de diffuser de la vidéo en direct sur un site Internet.

Une webcam permet également d'enregistrer des vidéos, par exemple pour effectuer de la visiophonie ou pour envoyer un message électronique contenant un petit film.

Vidéo en direct

De nombreuses webcams capturent directement de la vidéo sur l'ordinateur, ce qui sert, par exemple, pour la visiophonie. Dans la plupart des cas, il est nécessaire de faire un compromis entre la taille de l'image et le nombre d'images capturées par seconde. Par exemple, une webcam peut capturer une vidéo de 352 x 288 pixels à 30 images par seconde ou une image de 640 x 480 pixels à 15 images par seconde.

DIFFUSEZ DE LA VIDÉO AVEC UNE WEBCAM

Visiophonie

La visiophonie est une forme de communication utilisant l'Internet, qui permet à deux personnes de se parler et de se voir. Pour effectuer de la visiophonie, les deux personnes doivent être équipées d'une webcam, d'une carte son, de haut-parleurs et d'un micro (notez que certaines webcams sont équipées d'un micro). Il faut également un logiciel tel que Windows Messenger.

Surveillance de bâtiment

Une webcam est utile pour surveiller un lieu. Par exemple, vous pouvez sécuriser votre domicile ou votre bureau en les observant à distance à l'aide d'une webcam. De la même façon, de nombreux parents utilisent une webcam pour surveiller les nourrissons et les enfants. Certains modèles de webcams sont également pourvus d'un détecteur de mouvements.

Vidéo par courrier électronique

Il est possible d'inclure, sous forme de pièce jointe dans un courrier électronique, une vidéo capturée à l'aide d'une webcam. La plupart des logiciels de webcam permettent de capturer une séquence vidéo, de la compresser et de la joindre à un courrier électronique. C'est pratique pour envoyer un petit message vidéo à des amis qui ne possèdent pas de webcam.

PROFITEZ DE LA MUSIQUE AVEC UN BALADEUR MP3

Stockage

Les baladeurs audio numériques stockent les fichiers à l'aide d'une *mémoire flash*. Il s'agit de circuits mémoire qui permettent l'enregistrement et l'effacement rapide de fichiers. Cette mémoire peut-être intégrée au lecteur ou se présenter sous la forme de cartes mémoire (par exemple, une carte CompactFlash). Une capacité de 512 Mo permet de stocker jusqu'à 8 heures de musique.

Certains lecteurs, comme l'iPod d'Apple et le H340 de iRiver, sont équipés d'un disque dur qui permet de stocker de 1 à 60 Go de fichiers, soit entre 16 et 640 heures de musique. La plupart des lecteurs prennent en charge au moins deux formats de fichiers : MP3 et WMA.

Un lecteur audio numérique, plus communément appelé lecteur ou baladeur MP3, stocke et lit les fichiers audio que vous achetez ou récupérez sur le Net. Ces lecteurs sont très petits, légers et performants et permettent d'écouter de la musique en marchant ou en faisant du sport.

Les lecteurs audio numériques les plus célèbres sont l'iPod d'Apple, la série IFP de iRiver, le Carbon de Rio et le MuVo de Creative Labs.

PROFITEZ DE LA MUSIQUE AVEC UN BALADEUR MP3

Fonctionnalités

Certains baladeurs MP3, en plus de lire les fichiers audio, permettent d'écouter des stations FM grâce à un récepteur radio. D'autres intègrent un micro pour enregistrer la voix. Pour marcher ou courir avec le baladeur, il faut maintenir ce dernier par un clip de ceinture ou un bracelet.

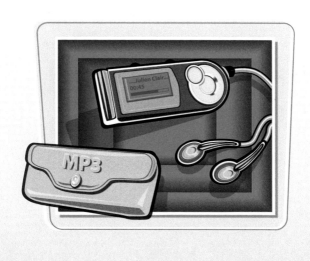

Accéder à la musique

Les plupart des lecteurs audio se connectent à l'ordinateur à l'aide d'un câble USB. Le lecteur utilise un logiciel avec lequel vous organisez la musique et transférer les fichiers. Votre système d'exploitation peut également fournir des logiciels pour organiser la musique : c'est le cas du Lecteur Windows Media pour Windows XP.

Pour stocker de la musique sur un baladeur audio, transférez les fichiers musicaux sur le lecteur. Ces fichiers peuvent être les pistes d'un CD audio que vous aurez copiés sur l'ordinateur ou de la musique achetée en ligne sur des sites tels que VirginMega.fr ou Apple iTunes Music Store.

Communiquez par l'Internet

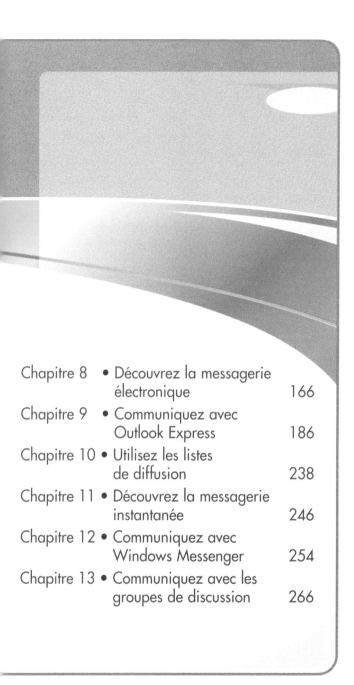

LA MESSAGERIE ÉLECTRONIQUE, COMMENT ÇA MARCHE ?

La messagerie électronique est un outil fondé sur l'Internet, qui permet d'échanger des messages électroniques, aussi appelés e-mails ou courriels, avec des internautes du monde entier.

Avantages de la messagerie électronique

La messagerie électronique est un système presque universel, puisque toutes les personnes connectées à l'Internet possèdent une adresse de messagerie électronique. Il a de surcroît l'avantage d'être très rapide, car les e-mails parviennent à leur destinataire quelques minutes, voire secondes après leur envoi. Enfin, vous pouvez expédier des e-mails à n'importe quelle heure du jour et de la nuit : votre correspondant n'a pas besoin d'être devant son ordinateur ni même connecté à l'Internet.

La messagerie électronique est également très bon marché, puisque vous ne dépensez pas un centime pour envoyer un e-mail, même si le destinataire habite à l'autre bout du monde. Cela coûte donc notamment beaucoup moins cher que de passer un appel longue distance.

Compte de messagerie

Pour échanger des e-mails, il vous faut un compte de messagerie, généralement attribué par votre FAI. Vous obtenez ainsi une adresse de messagerie électronique à laquelle des internautes peuvent vous écrire. Cette adresse se présente sous la forme paul@fournisseur.fr. La première partie correspond à votre nom. Elle est suivie d'un arobase (@) et du nom de domaine de la société qui gère votre compte (votre FAI, donc, le plus souvent).

Vous pouvez aussi créer un compte de messagerie gratuit sur l'Internet, auprès de services comme Hotmail.com ou Yahoo.fr. Ces messageries vous permettent d'échanger des e-mails sur n'importe quel ordinateur.

Fonctionnement de la messagerie électronique

Lorsque vous envoyez un e-mail, il circule par le biais de votre connexion Internet jusqu'au *serveur de courrier sortant* de votre FAI, qui le transmet au *serveur de courrier entrant* du FAI du destinataire. Ce serveur stocke alors le message dans la boîte aux lettres de la personne. Dès que celle-ci relève son courrier, elle reçoit votre e-mail. En effet, ce dernier est transféré du serveur sur l'ordinateur de la personne.

DÉCOUVREZ LES PROGRAMMES DE MESSAGERIE ÉLECTRONIQUE

Vous pouvez utiliser un programme de messagerie électronique pour envoyer et recevoir des e-mails. Outlook Express (Windows XP), Mail (OS X) et Outlook (Microsoft Office) sont les plus connus.

Dossiers

Cette zone affiche les dossiers du programme, chacun servant au stockage d'un certain type de messages.

● La Boîte de réception contient les e-mails reçus.

● La Boîte d'envoi stocke les e-mails prêts à être expédiés.

● Le dossier Éléments envoyés garde une copie des e-mails expédiés.

● Le dossier Éléments supprimés stocke les e-mails que vous avez effacés dans les autres dossiers.

● Le dossier Brouillons garde les e-mails que vous avez commencés et enregistrés, mais pas encore finalisés.

Contacts

Cette zone répertorie les personnes enregistrées dans votre carnet d'adresses.

Messages

Cette zone affiche les messages stockés dans le dossier actuellement ouvert

Volet de prévisualisation

Cette zone donne un aperçu du message actuellement sélectionné.

DÉCOUVREZ LES ADRESSES ÉLECTRONIQUES

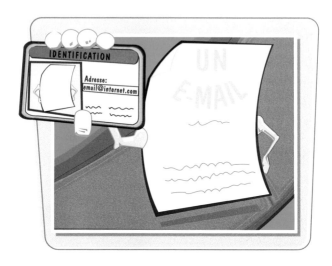

COMPOSANTS D'UNE ADRESSE ÉLECTRONIQUE

Nom d'utilisateur

Le nom d'utilisateur correspond au nom du compte de la personne auprès de son FAI ou de sa société. Le plus souvent, il s'agit du nom et/ou prénom de la personne, mais on trouve aussi parfois des surnoms ou tout autre type de texte. Il est impossible que deux propriétaires d'un compte auprès d'un même FAI ou au sein d'une même société possèdent le même nom d'utilisateur.

Nom de domaine

Le nom de domaine correspond au nom Internet de la société qui gère le compte du propriétaire de l'adresse électronique. Il s'agit le plus souvent du nom de domaine du FAI, d'une société ou d'un service de messagerie sur le Web.

*U*ne adresse électronique est un ensemble
de caractères qui identifie de manière unique
une boîte aux lettres sur l'Internet.
Autrement dit, un message électronique
destiné à une telle adresse est livré
uniquement dans la boîte aux lettres définie
par l'adresse.

Pour envoyer un e-mail à quelqu'un, vous devez
connaître l'adresse électronique de cette
personne.

@

L'arobase @ (prononcé « chez » dans le cadre d'une
adresse électronique) s'inscrit entre le nom d'utilisateur
et le nom de domaine.

paul@fournisseur.fr

DÉCOUVREZ LES ADRESSES ÉLECTRONIQUES

Adresses électroniques multiples

La plupart des FAI permettent à leurs abonnés de posséder plusieurs boîtes aux lettres électroniques : chacune est alors associée à une adresse spécifique. Cela se révèle utile quand vous voulez que chaque membre de votre famille ou chaque employé de votre société possède sa propre boîte aux lettres. Cela vous permet aussi de choisir une première adresse pour votre boîte aux lettres principale et une seconde pour les listes de diffusion.

Adresses invalides

Si vous commettez une erreur en saisissant l'adresse électronique de votre correspondant, votre e-mail n'arrivera jamais à destination. Si vous tapez un nom de domaine inexistant ou un nom d'utilisateur erroné, votre programme de messagerie électronique expédie quand même le message, mais vous risquez de recevoir en réponse un e-mail *retourné* vous expliquant la cause de l'erreur. Dans le premier cas, vous lirez une phrase du type *Host or domain name not found* (nom de domaine introuvable). Dans le second, le message affichera quelque chose comme *User unknown* (utilisateur inconnu).

Carnet d'adresses

Vous pouvez utiliser le carnet d'adresses de votre programme de messagerie électronique pour stocker les noms et adresses de toutes les personnes avec lesquelles vous correspondez régulièrement. Au moment de créer un e-mail, il vous suffit alors de choisir le nom du destinataire dans le carnet, et le programme l'ajoute automatiquement dans la zone d'adresse de l'e-mail. Cela se révèle à la fois plus rapide et plus sûr que de taper l'adresse manuellement.

Recherche d'adresses

Vous pouvez utiliser un *annuaire Internet* pour rechercher l'adresse électronique d'une personne. Ce type de service s'apparente aux pages blanches traditionnelles, à ceci près qu'il permet de retrouver l'adresse e-mail (et non le numéro de téléphone) d'un internaute dont vous connaissez les nom et prénom. Annumail (www.annumail.com) est l'un de ces annuaires.

COMPOSEZ UN MESSAGE

Soyez concis

La plupart du temps, un e-mail doit contenir un message court et précis. Cela vaut notamment dans le milieu professionnel, où la majorité des gens échangent beaucoup d'e-mails. En étant concis dans vos courriers, vous gagnez du temps à les écrire et en faites gagner à vos destinataires au moment de la lecture.

Dès lors que vous connaissez l'adresse électronique d'une personne ou d'une société, vous pouvez envoyer un e-mail à cet internaute ou cette entreprise. La plupart du temps, le courrier arrive à destination quelques minutes après.

Si, pour l'instant, vous ne connaissez l'adresse électronique de personne ou si vous voulez d'abord vous exercer avant d'envoyer un vrai message, vous pouvez en expédier un vers votre propre adresse électronique.

Évitez les erreurs

Relisez toujours attentivement vos messages avant de les envoyer, afin de ne pas risquer d'y laisser des erreurs. Une faute d'orthographe, notamment, peut altérer considérablement l'impression laissée par un e-mail sinon très bien écrit et donc vous porter préjudice. Évitez également les fautes de grammaire et assurez-vous que votre message ne contient aucun mot ni expression qui pourrait prêter à confusion. Enfin, vérifiez que tous les faits énoncés sont corrects. Vous devez toujours chercher à écrire des e-mails clairs et parfaitement corrects.

COMPOSEZ UN MESSAGE

Pièces jointes

Si vous voulez transmettre un mémo, une image ou tout autre type de document à une personne, vous pouvez joindre ce fichier à un message électronique. Le destinataire pourra alors ouvrir le document dès qu'il recevra l'e-mail.

Smileys

Les subtilités dans l'humour et la dérision sont parfois difficiles à retranscrire en mots. Pour éviter toute mauvaise interprétation, les internautes utilisent donc souvent des petits symboles, appelés *smileys* ou *émoticones*, pour exprimer des émotions ou des gestes. Le terme smiley (« sourire » en anglais) vient de l'association des trois signes :-) qui évoquent un sourire lorsque vous penchez la tête vers la gauche.

Copie conforme

Une *copie conforme* est une copie d'un e-mail que vous transmettez à une ou plusieurs personnes par politesse, pour qu'elles prennent connaissance du contenu du message. Pour en envoyer une, vous créez un e-mail comme à l'accoutumée, avec l'adresse du destinataire principal dans la zone À, et vous placez l'adresse des autres personnes dans la zone Cc, en les séparant par un point-virgule.

Abréviations

Beaucoup d'internautes emploient des abréviations ou des sigles à la place de mots ou d'expressions entiers, afin de gagner du temps dans la rédaction de leurs e-mails et d'en faire gagner à leurs lecteurs.

Vérifiez si vous avez du courrier

Tous les programmes de messagerie électronique intègrent une commande qu'il vous suffit d'exécuter pour savoir si des messages vous attendent sur le serveur de courrier entrant de votre FAI. Veillez simplement à être connecté à l'Internet avant de cliquer cette commande. Par ailleurs, la plupart des programmes de messagerie électronique vérifient automatiquement si vous avez reçu de nouveaux e-mails. Par exemple, Outlook Express le fait toutes les 30 minutes.

*T*ous les messages qui vous sont envoyés par des internautes sont stockés provisoirement sur le serveur de courrier entrant de votre FAI. Pour les récupérer et les transférer dans votre boîte aux lettres, vous devez vous connecter à ce serveur.

Spams et virus

Tous les messages que vous recevez ne proviennent pas de vos connaissances. Certains sont envoyés par des expéditeurs inconnus malintentionnés : ces e-mails souvent publicitaires et non sollicités portent le nom de *spams*. Il existe également des internautes malintentionnés qui envoient des pièces jointes infectées à dessein par un virus.

Stockez les e-mails reçus

Pour éviter l'anarchie dans votre Boîte de réception, vous pouvez y créer de nouveaux dossiers, puis y déplacer les messages reçus. Prévoyez un dossier pour chaque groupe d'e-mails apparentés. Par exemple, vous pouvez créer un dossier par interlocuteur régulier, par projet professionnel ou par service au sein de votre entreprise.

Transférez des e-mails reçus

Lorsque vous recevez un message dont le contenu concerne ou pourrait intéresser une tierce personne, vous pouvez transmettre à celle-ci une copie de l'e-mail. N'hésitez pas, alors, à ajouter votre propre commentaire.

Répondez aux e-mails reçus

Il est conseillé de répondre à tous les messages que vous recevez et qui appellent une réponse (si votre interlocuteur vous pose une question, vous demande des renseignements ou émet un commentaire ou une critique, par exemple). Pour que votre correspondant identifie facilement l'e-mail auquel vous répondez, veillez à inclure dans votre courrier des extraits pertinents de l'e-mail original.

RESPECTEZ LA NÉTIQUETTE

*P*our que vos correspondants et vous preniez plaisir à échanger des e-mails, vous aurez tout intérêt à respecter quelques règles simples et essentielles, une sorte de code de bonne conduite appelé nétiquette (contraction de « Net » pour Internet, et d'« étiquette »).

Ne criez pas

Respectez les combinaisons minuscules/majuscules habituelles dans vos messages. ÉVITEZ TOUT PARTICULIÈREMENT LES LONGS PASSAGES OU LES E-MAILS ENTIERS ÉCRITS EN LETTRES CAPITALES, CAR ILS SONT DIFFICILES À LIRE ET DONNENT L'IMPRESSION À VOS LECTEURS QUE VOUS CRIEZ.

Faites référence au message original

Lorsque vous répondez à un e-mail, vous pouvez vous assurer que le destinataire saura à quoi vous répondez en incluant des extraits pertinents du message original dans votre courrier. Si l'e-mail de départ était très long, limitez-vous vraiment aux passages en rapport direct avec votre réponse : il s'agit simplement de remémorer le contexte à votre destinataire.

Libellez précisément l'objet

Les personnes très occupées qui reçoivent beaucoup d'e-mails décident souvent à la lecture de l'objet des messages d'ouvrir ou non ces derniers. Cela se révèle d'autant plus vrai quand elles ne connaissent pas l'expéditeur des courriers. Par conséquent, évitez les sujets vagues et généraux, comme « Demande d'informations » ou « Message électronique ». Choisissez un objet aussi descriptif que possible pour permettre au destinataire d'identifier aussitôt le thème de votre e-mail.

Évitez de joindre de trop gros fichiers

Essayez de ne pas envoyer de trop gros fichiers en pièces jointes de vos e-mails. Si votre destinataire possède une connexion Internet à bas débit, la réception du message durera très longtemps. Par ailleurs, de nombreux FAI limitent la taille des pièces jointes (à 2 Mo, généralement). Par conséquent, servez-vous de la messagerie électronique uniquement pour les fichiers de taille raisonnable.

RESPECTEZ LA NÉTIQUETTE

Ne commettez pas d'indiscrétions

Lorsque vous recevez un e-mail dans le cadre d'une correspondance privée, n'en intégrez pas de passages dans un autre message ou contexte : cela serait très impoli. Si vous tenez vraiment à transmettre un extrait de l'e-mail à une tierce personne, demandez d'abord l'autorisation à son expéditeur.

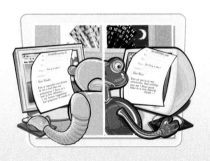

Soyez patient

Les e-mails circulent très vite, mais pas instantanément (il existe néanmoins des messages instantanés, comme nous le verrons aux chapitres 11 et12). Par conséquent, ne vous attendez pas à une réponse immédiate après avoir envoyé un courrier électronique. Le destinataire peut facilement prendre 24 heures pour vous répondre. Si vous n'avez toujours rien reçu au bout de 48 heures, vous pouvez relancer gentiment la personne et lui demander si elle a bien reçu votre premier e-mail.

Répondez rapidement

Lorsque vous recevez un message qui appelle une réponse, ne tardez pas trop à fournir cette dernière. Cela serait sinon considéré comme de l'impolitesse. Dans la mesure du possible, répondez aux messages urgents ou ponctuels dans les minutes qui suivent, en essayant de ne pas laisser passer plus d'une heure. Dans les autres cas, il est recommandé de répondre dans les 24 heures.

Restez calme

Si vous recevez un message (souvent appelé *flamme*) qui contient une remarque désobligeante ou insultante, vous pouvez avoir envie de répondre immédiatement et violemment sous le coup de la colère. Pourtant, cela ne ferait qu'empirer les choses. Laissez-vous plutôt 24 heures avant de répondre au courrier reçu, afin d'avoir retrouvé vos esprits.

DÉMARREZ OUTLOOK EXPRESS

DÉMARREZ OUTLOOK EXPRESS

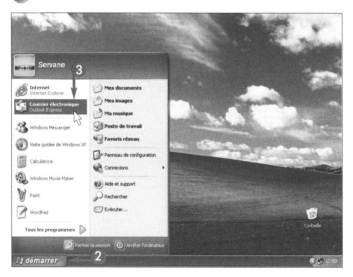

1 Connectez-vous à l'Internet.

2 Cliquez **démarrer**.

3 Cliquez **Courrier électronique**.

*Note. Si un autre programme qu'Outlook Express est associé à la commande **Courrier électronique**, cliquez **Tous les programmes** ⇨ **Outlook Express** pour démarrer celui-ci.*

Windows intègre un programme conçu pour l'envoi et la réception de messages électroniques (e-mails) : Outlook Express. Celui-ci se démarre en quelques clics.

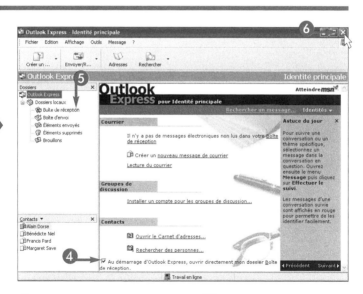

● La fenêtre d'Outlook Express apparaît.

④ Cochez cette case (☐ devient ☑).

Note. Vous n'avez à réaliser l'étape 4 qu'une seule fois : par la suite, Outlook Express affichera automatiquement la Boîte de réception à son démarrage.

⑤ Cliquez **Boîte de réception**.

● La Boîte de réception s'ouvre.

⑥ Après avoir terminé, cliquez ⊠ pour quitter Outlook Express.

*G*érer votre courrier électronique avec Outlook Express est très facile. Pour bien profiter de ce programme, commencez par vous repérer dans sa fenêtre.

Liste des dossiers

Zone qui présente tous les dossiers utilisés pour le stockage des différents types de messages. Outlook Express propose au départ les cinq dossiers ci-dessous, mais vous pouvez en créer d'autres (consultez la page 226).

● La *Boîte de réception* renferme tous les messages reçus. Pour accéder à ceux-ci, consultez la page 192.

● La *Boîte d'envoi* contient les messages que vous n'avez pas encore expédiés. Pour envoyer un message, consultez la page 194.

● Le dossier *Éléments envoyés* conserve une copie de tous les messages expédiés.

● Le dossier *Éléments supprimés* stocke tous les messages que vous avez supprimés dans les autres dossiers. Pour supprimer un message, consultez le haut de la page 205.

● Le dossier *Brouillons* contient les messages que vous avez enregistrés dans le but de les terminer plus tard.

Dossier en cours

Barre qui indique le dossier actuellement ouvert
dans Outlook Express.

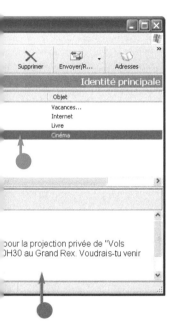

Messages

Zone qui affiche tous les
messages contenus dans le
dossier en cours.

Volet de visualisation

Zone qui affiche le contenu du
message sélectionné.

Contacts

Zone qui répertorie toutes les
personnes enregistrées dans
votre Carnet d'adresses et qui
reste vide tant que vous ne
créez pas de nouveaux contacts
(consultez à cette fin la
page 198).

RÉCEPTIONNEZ ET LISEZ VOTRE COURRIER

RÉCEPTIONNEZ VOTRE COURRIER

1 Cliquez ⊡ à droite du bouton **Envoyer/Recevoir**.

2 Cliquez **Recevoir tout**.

Quand quelqu'un vous envoie un e-mail, celui-ci est stocké temporairement sur le serveur de messagerie de votre fournisseur d'accès Internet (FAI). Pour le récupérer, Outlook Express doit se connecter à cet ordinateur.

Outlook Express vérifie automatiquement à son démarrage si vous avez de nouveaux messages. Il le fait ensuite toutes les 30 minutes quand vous êtes en ligne.

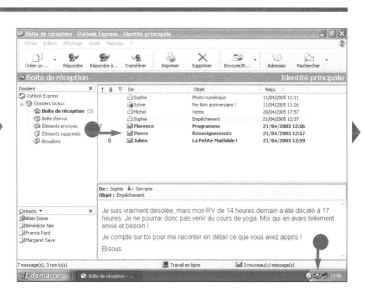

● Si vous avez de nouveaux messages, ils apparaissent en gras dans la Boîte de réception.

● L'icône 🖳 s'affiche dans la zone de notification de la barre des tâches.

● Les messages accompagnés d'une pièce jointe sont précédés d'une icône de trombone.

● Les messages envoyés avec une priorité haute sont précédés d'un point d'exclamation rouge ❗.

191

RÉCEPTIONNEZ ET LISEZ
VOTRE COURRIER

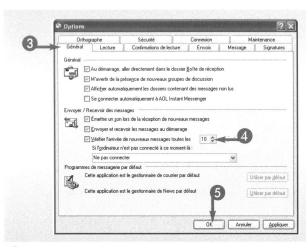

LISEZ UN MESSAGE

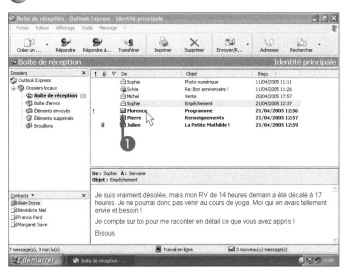

1 Cliquez le message à lire.

Vous pouvez changer la fréquence à laquelle Outlook Express vérifie si vous avez du courrier :

① Cliquez **Outils**.

② Cliquez **Options**.

● La boîte de dialogue Options apparaît.

③ Cliquez l'onglet **Général**.

④ Tapez la fréquence (en minutes) à laquelle Outlook Express devra contrôler si vous avez reçu de nouveaux messages.

⑤ Cliquez **OK**.

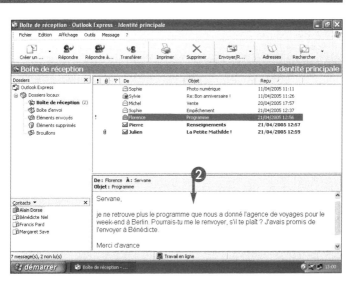

● Le contenu de l'e-mail apparaît dans le volet de visualisation.

② Lisez le message.

Note. Vous pouvez ouvrir le message dans sa propre fenêtre en le double-cliquant.

ENVOYEZ UN E-MAIL

ENVOYEZ UN E-MAIL

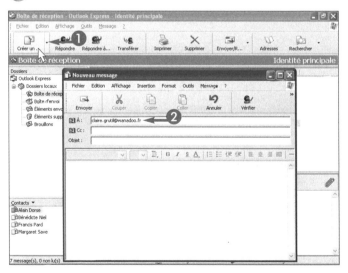

1 Cliquez **Créer un message**.

● Une fenêtre de message vide apparaît.

2 Tapez l'adresse électronique du destinataire.

*D*ès lors que vous connaissez l'adresse électronique d'une personne ou d'une société, vous pouvez lui envoyer un message. Quelques minutes plus tard, celui-ci lui parviendra à destination.

Si vous ne possédez pas encore l'adresse électronique de vos correspondants, vous pouvez vous entraîner à la composition de messages en vous envoyant des e-mails à vous-même.

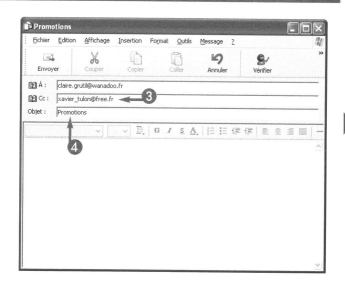

③ Si vous voulez expédier le message à une autre personne qui n'est pas directement concernée par l'e-mail mais qui pourrait être intéressée par son contenu, tapez l'adresse de ce correspondant.

*Note. Vous pouvez saisir plusieurs adresses dans les zones **À** et **Cc** en les séparant par des points-virgules (;). Pour les sélectionner directement dans le Carnet d'adresses, consultez la page 202.*

④ Tapez un titre succinct pour le message.

ENVOYEZ UN E-MAIL

Si vous disposez d'un forfait Internet qui prévoit seulement
quelques heures de connexion, ne restez pas connecté
quand vous composez plusieurs messages : vous
économiserez ainsi du temps de connexion.

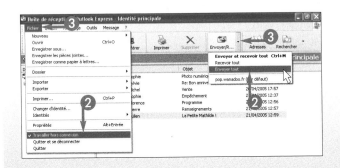

ENVOYEZ UN E-MAIL (SUITE)

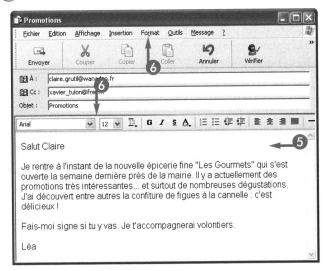

5 Tapez le message
souhaité.

6 Mettez votre texte en forme
grâce aux boutons de la barre
d'outils **Mise en forme** et aux
options du menu **Format**.

1 Si vous n'êtes pas encore connecté à l'Internet, cliquez **Annuler** dans le message qui vous invite à établir la connexion lorsque vous démarrez Outlook Express. Sinon, cliquez **Fichier ⇨ Travailler hors connexion** (✔ apparaît devant la commande).

2 Composez les messages et cliquez **Envoyer** dans chacun d'eux.

● Tous les messages sont stockés temporairement dans la Boîte d'envoi.

3 Connectez-vous à l'Internet.

4 Cliquez **Fichier**.

5 Cliquez **Travailler hors connexion** pour décocher l'option.

6 Cliquez ⊡ à droite du bouton **Envoyer/Recevoir**.

7 Cliquez **Envoyer tout**.

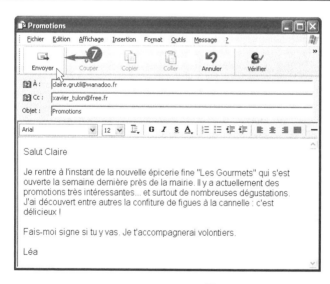

*Note. Beaucoup de logiciels de messagerie électronique affichent les messages en texte brut, sans mise en forme. Avant de définir celle-ci, assurez-vous par conséquent qu'elle sera reconnue. Pour envoyer un message en texte brut, sélectionnez l'option correspondante en cliquant **Format ⇨ Texte brut** (• apparaît devant la commande).*

7 Cliquez **Envoyer**.

● Outlook Expresse envoie le message.

Note. Outlook Expresse place une copie du message dans le dossier Éléments envoyés.

AJOUTEZ UN CONTACT
AU CARNET D'ADRESSES

AJOUTEZ UN CONTACT AU CARNET D'ADRESSES

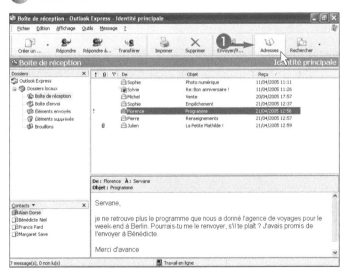

1 Cliquez **Adresses**.

*V*ous pouvez stocker dans votre Carnet d'adresses les coordonnées (nom, adresse électronique, numéro de téléphone, etc.) des personnes auxquelles vous envoyez des messages électroniques.

Lorsque vous commencez à taper le nom ou l'adresse d'un contact dans un message, Outlook Express le ou la complète automatiquement. Cela se révèle à la fois plus rapide et plus sûr que la saisie manuelle intégrale de chaque adresse.

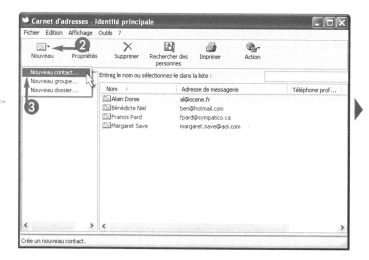

● La fenêtre du Carnet d'adresses apparaît.

② Cliquez **Nouveau**.

③ Cliquez **Nouveau contact**.

*Note. Au lieu de réaliser les étapes 1 à 3, vous pouvez aussi cliquer **Contacts** dans le volet des contacts, puis **Nouveau contact**.*

199

AJOUTEZ UN CONTACT
AU CARNET D'ADRESSES

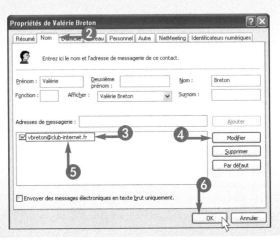

AJOUTEZ UN CONTACT AU CARNET D'ADRESSES (SUITE)

● La boîte de dialogue
Propriétés apparaît.

④ Tapez le prénom de la
personne.

⑤ Tapez le nom de la personne.

⑥ Tapez l'adresse électronique
de la personne.

*Note. Vous pouvez fournir des
informations complémentaires,
comme les numéros de téléphone
professionnel et privé, l'adresse
postale et la date d'anniversaire
dans les autres onglets.*

⑦ Cliquez **OK**.

200

Si l'un de vos contacts change d'adresse,
vous pouvez modifier celle-ci sans recréer
une nouvelle fiche pour cette personne.

1 Double-cliquez le nom du contact dans le Carnet
d'adresses.

● La boîte de dialogue Propriétés apparaît.

2 Cliquez l'onglet **Nom**.

3 Cliquez l'adresse erronée.

4 Cliquez **Modifier**.

5 Tapez la nouvelle adresse.

6 Cliquez **OK**.

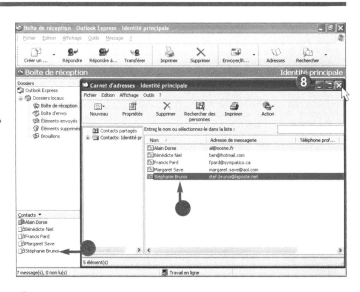

● La personne est ajoutée
à la fois dans le Carnet
d'adresses et dans la liste
des contacts.

8 Cliquez ⊠ pour fermer
le Carnet d'adresses.

*Note. Si nécessaire, vous pouvez
supprimer un contact en le cliquant
dans le Carnet d'adresses et en
cliquant le bouton **Supprimer**.*

ADRESSEZ FACILEMENT UN E-MAIL

ADRESSEZ FACILEMENT UN E-MAIL

1 Cliquez **Créer un message**.

● Une fenêtre de message vide apparaît.

2 Cliquez **À**.

*A*près avoir enregistré des contacts dans votre Carnet d'adresses (consultez la page 198), vous n'avez plus besoin de saisir leurs adresses au moment de leur envoyer un message. Il vous suffit de les sélectionner dans le Carnet.

Cette procédure permet surtout de gagner du temps lorsque vous envoyez un même message à plusieurs contacts.

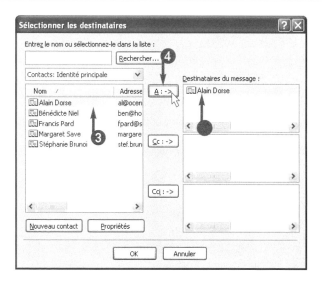

● La boîte de dialogue Sélectionner les destinataires apparaît.

❸ Cliquez le destinataire du message.

❹ Cliquez **A**.

● Le nom du contact apparaît dans la zone **Destinataires du message**.

❺ Répétez les étapes **3** et et **4** pour tout autre destinataire principal du message.

ADRESSEZ FACILEMENT UN E-MAIL

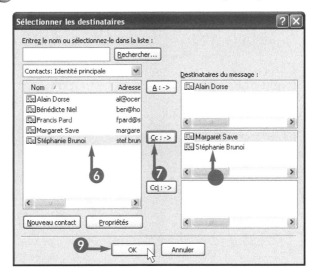

6 Si vous voulez envoyer une copie du message à un contact, cliquez celui-ci.

7 Cliquez **Cc**.

● Le nom du contact apparaît dans la zone **Destinataires du message**.

8 Répétez les étapes **6** et **7** pour tout autre destinataire secondaire du message.

9 Cliquez **OK**.

204

*L*a liste des contacts est le moyen le plus rapide d'adresser un message destiné à une seule personne. En effet, dès que vous y double-cliquez un nom, Outlook Express crée un nouveau courrier adressé à la personne.

Cette liste facilite aussi la gestion des contacts. Pour en modifier un, cliquez-le du bouton droit et choisissez **Propriétés**. Pour en supprimer un, cliquez-le, appuyez sur Suppr et confirmez l'effacement en cliquant **Oui**.

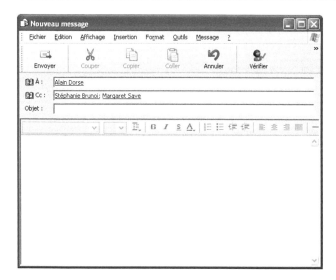

● Les noms des destinataires apparaissent dans les lignes **À** et **Cc**.

*Note. La ligne **Cci** apparaît uniquement si vous envoyez une copie invisible à un contact. Sinon, vous pouvez l'afficher en cliquant **Affichage** ⇨ **Tous les en-têtes**.*

RÉPONDEZ À VOS E-MAILS

1 Cliquez le message auquel vous voulez répondre.

2 Cliquez le type de réponse souhaité :
- Cliquez **Répondre** pour répondre uniquement à la première adresse qui figure dans la ligne **À**.

- Cliquez **Répondre à tous** pour répondre à toutes les adresses présentes dans les lignes **À** et **Cc**.

● Une fenêtre de message apparaît.

Quand un correspondant vous pose une question ou vous demande des informations, ou quand vous voulez réagir à ses propos, vous pouvez répondre directement à son message : inutile d'en créer un totalement nouveau.

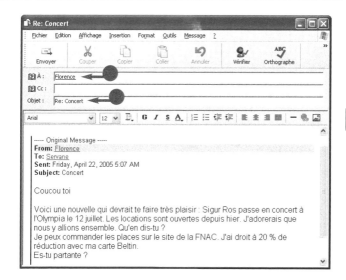

● Outlook Express insère automatiquement la ou les adresses du ou des destinataires.

● Outlook Express reprend l'objet du message original, précédé de la mention **Re:**, comme *Réponse*.

● Outlook Express inclut le nom et/ou l'adresse de l'expéditeur et du destinataire de l'e-mail original, ainsi que sa date, son objet et son contenu.

RÉPONDEZ À VOS E-MAILS

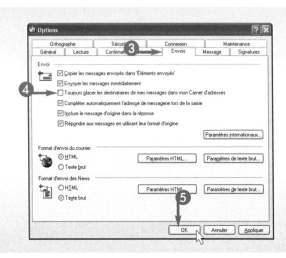

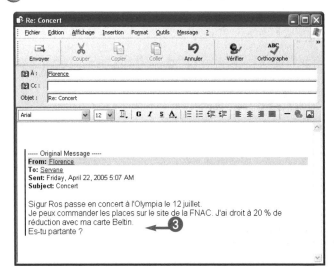

3 Si nécessaire, supprimez les parties sans intérêt du message original.

Note. Généralement, vous n'aurez besoin d'intervenir que pour les messages longs : en effaçant les parties sans rapport avec vos propos, vous permettez à votre correspondant de voir instantanément ce dont il s'agit.

Par défaut, Outlook Express intègre automatiquement à votre Carnet d'adresses tous les contacts auxquels vous répondez. Cela pose parfois quelques problèmes, comme des doublons dans le Carnet. Mieux vaut alors désactiver cette fonctionnalité :

① Cliquez **Outils**.

② Cliquez **Options**.

● La boîte de dialogue Options apparaît.

③ Cliquez l'onglet **Envois**.

④ Décochez la case **Toujours placer les destinataires de mes messages dans mon Carnet d'adresses** (☑ devient ☐).

⑤ Cliquez **OK**.

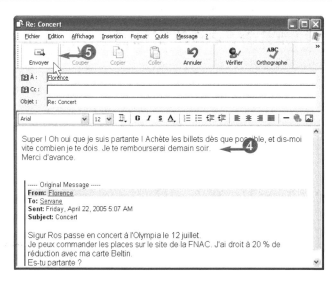

④ Cliquez au-dessus du message original et tapez votre texte.

⑤ Cliquez **Envoyer**.

● Outlook Express envoie la réponse.

Note. Outlook Expresse place une copie du message dans le dossier Éléments envoyés.

TRANSFÉREZ UN E-MAIL

TRANSFÉREZ UN E-MAIL

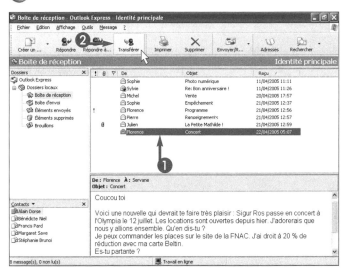

① Cliquez le message à transmettre.

② Cliquez **Transférer**.

● Une fenêtre de message apparaît.

*L*orsque vous recevez un message susceptible d'intéresser l'un de vos contacts, vous pouvez lui en transmettre une copie, en l'accompagnant éventuellement de vos propres commentaires.

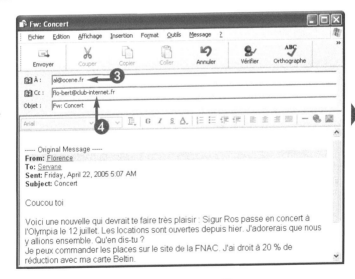

● Outlook Express reprend l'objet du message original, après **Fw:**, (*Forward* , « transfert », en anglais).

● Outlook Express inclut le nom et/ou l'adresse de l'expéditeur et du destinataire de l'e-mail original, ainsi que sa date, son objet et son contenu.

❸ Tapez l'adresse du contact auquel vous voulez transmettre le message.

❹ Éventuellement, tapez l'adresse d'un autre destinataire.

211

TRANSFÉREZ UN E-MAIL

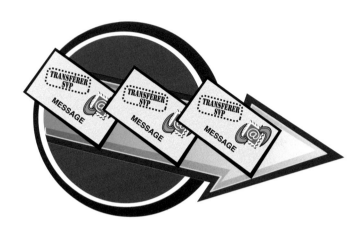

TRANSFÉREZ UN E-MAIL (SUITE)

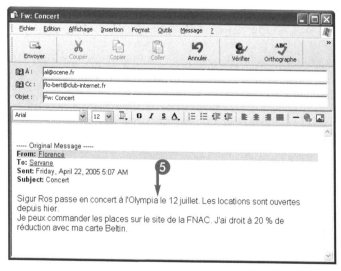

5 Si nécessaire, supprimez les parties sans intérêt du message original.

Note. Généralement, vous n'aurez besoin d'intervenir que pour les messages longs : en effaçant les parties sans rapport avec vos propos, vous permettez à votre correspondant de voir instantanément ce dont il s'agit.

*V*ous préférerez parfois transmettre le message original complet, plutôt qu'une simple copie de son contenu intégrée dans votre e-mail. Ouvrez alors le message original et cliquez Message ⇨ Transférer en tant que pièce jointe. Outlook Express crée un nouveau courrier vide auquel il joint l'e-mail original.
Il ne vous reste plus qu'à adresser et composer ce nouveau message, puis à l'envoyer au destinataire souhaité.

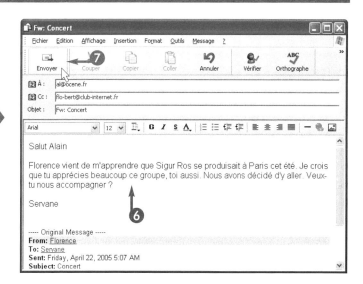

6 Cliquez au-dessus du message original et tapez votre texte.

7 Cliquez **Envoyer**.

● Outlook Express transfère le message.

Note. Outlook Expresse place une copie du message dans le dossier Éléments envoyés.

AJOUTEZ UNE SIGNATURE À VOS E-MAILS

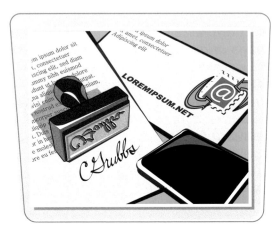

AJOUTEZ UNE SIGNATURE À VOS E-MAILS

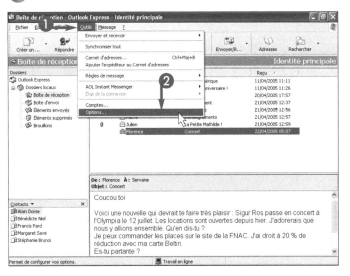

<u>CRÉER LA SIGNATURE</u>

1 Cliquez **Outils**.

2 Cliquez **Options**.

*E*n matière de courrier électronique, une signature désigne un bloc de texte que vous ajoutez à la fin d'un message à envoyer. Plutôt que de saisir ces informations manuellement de façon répétitive, vous pouvez enregistrer votre signature et demander à Outlook Express de l'insérer automatiquement au cas par cas ou dans tous les e-mails expédiés.

● La boîte de dialogue Options apparaît.

③ Cliquez l'onglet **Signatures**.

④ Cliquez **Nouveau**.

● Outlook Express crée une nouvelle signature vide.

AJOUTEZ UNE SIGNATURE À VOS E-MAILS

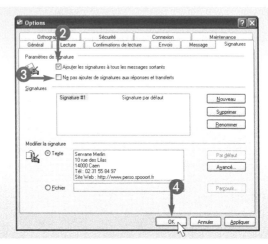

AJOUTEZ UNE SIGNATURE À VOS E-MAILS (SUITE)

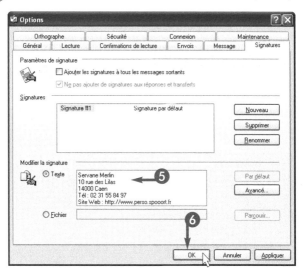

5 Tapez le texte souhaité pour la signature.

6 Cliquez **OK**.

*Note. Si vous prévoyez de créer plusieurs signatures (une personnelle et une professionnelle, par exemple), donnez-leur un nom explicite. Cliquez la signature en cours de création dans la zone **Signatures**, puis le bouton **Renommer**, tapez le nom souhaité et appuyez sur Entrée.*

Vous pouvez demander à Outlook Express d'insérer systématiquement votre signature à la fin des messages que vous envoyez.

1 Répétez les étapes **1** à **3** ci-dessous.

2 Si vous voulez que le programme intègre votre signature dans tous les e-mails expédiés, cochez la case **Ajouter les signatures à tous les messages** sortants (☐ devient ☑).

3 Si vous voulez que votre signature apparaisse même dans les messages qui constituent une réponse à un e-mail ou que vous transférez, décochez la case **Ne pas ajouter de signatures aux réponses et transferts** (☑ devient ☐).

4 Cliquez **OK**.

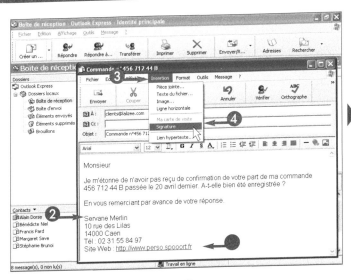

INSÉRER LA SIGNATURE

1 Créez un nouveau message, adressez-le et tapez-y le texte souhaité.

2 Dans le message, cliquez là où devra figurer la signature.

3 Cliquez **Insertion**.

4 Cliquez **Signature**.

Note. Si vous avez créé plusieurs signatures, vous devez cliquer celle souhaitée dans le sous-menu Signature.

● La signature apparaît dans le message.

217

JOIGNEZ UN FICHIER
À UN E-MAIL

JOIGNEZ UN FICHIER À UN E-MAIL

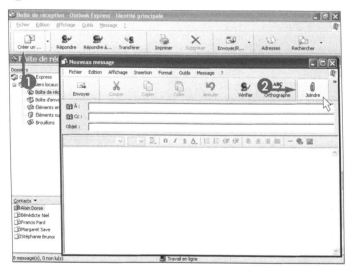

① Cliquez **Créer un message**.

② Cliquez **Joindre**.

● Une fenêtre de message vide apparaît.

Si vous voulez envoyer une image, une note ou tout autre type de document à un parent ou à un ami, vous pouvez joindre ce fichier à un message électronique. Dès réception de celui-ci, votre correspondant pourra ainsi accéder au contenu de cette pièce jointe.

● La boîte de dialogue Insérer une pièce jointe apparaît.

❸ Cliquez ⬇, puis l'endroit où figure le fichier à envoyer.

❹ Cliquez le fichier.

❺ Cliquez **Joindre**.

219

JOIGNEZ UN FICHIER À UN E-MAIL

JOIGNEZ UN FICHIER À UN E-MAIL (SUITE)

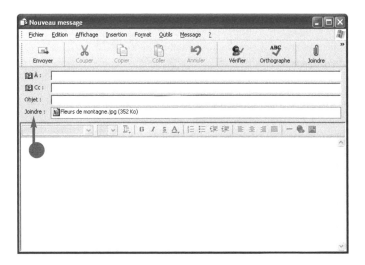

● Outlook Express joint le fichier au message, et une ligne **Joindre** apparaît dans ce dernier.

● Vous pouvez joindre d'autres fichiers au message en répétant les étapes **2** à **5** pour chacun d'eux.

*T*héoriquement, vous pouvez joindre autant de fichiers que vous le souhaitez à un même message. Toutefois, il est important de prendre en compte leur taille globale. Si votre correspondant possède une connexion Internet lente, la réception d'un e-mail accompagné de pièces jointes peut facilement durer une vingtaine de minutes selon la taille des fichiers.

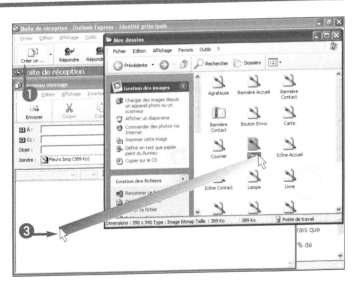

PAR GLISSER-DÉPOSER

① Dans Outlook Express, cliquez **Créer un message**.

② Dans le Poste de travail, ouvrez le dossier qui contient le fichier à joindre.

③ Cliquez le fichier et faites-le glisser dans le corps du message.

● Outlook Express joint le fichier au message, et une ligne **Joindre** apparaît dans ce dernier.

Note. Vous pouvez joindre plusieurs fichiers à un message en les sélectionnant avant l'étape 3.

221

RECEVEZ UN FICHIER

RECEVEZ UN FICHIER

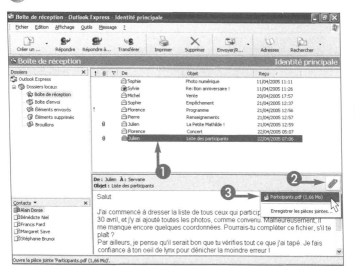

① Cliquez un message accompagné d'une pièce jointe et, donc, précédé d'une l'icône de trombone.

② Dans le volet de visualisation, cliquez le trombone.

● La liste des fichiers joints apparaît.

③ Cliquez le fichier à ouvrir.

*Note. Vous pouvez aussi ouvrir le message et double-cliquer le fichier à consulter dans la ligne **Joindre**.*

*L*orsque vous recevez un message électronique auquel est joint un fichier (document, photo, etc.), vous devez ouvrir celui-ci pour accéder à son contenu.

Les pièces jointes représentent un danger potentiel pour la sécurité de votre ordinateur, car certaines renferment des virus. Outlook Express bloque d'ailleurs automatiquement l'accès à certains de ces fichiers, que vous ne pouvez alors pas ouvrir. Pour plus d'informations, consultez la page 234.

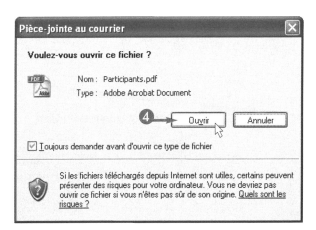

● Une demande de confirmation apparaît parfois.

④ Cliquez **Ouvrir**.

● Le fichier s'ouvre dans le programme approprié.

Note. Si un message s'affiche, indiquant qu'aucun programme n'est associé au type du fichier joint, vous devez installer le logiciel requis. Pour connaître celui-ci, renseignez-vous auprès de l'expéditeur de la pièce jointe.

ENREGISTREZ UN FICHIER REÇU

ENREGISTREZ UN FICHIER REÇU

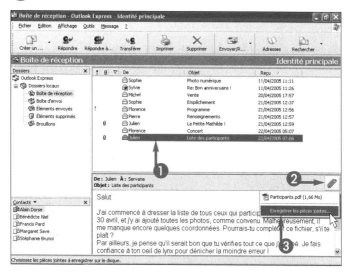

1 Cliquez un message accompagné d'une pièce jointe et, donc, précédé d'une l'icône de trombone.

2 Dans le volet de visualisation, cliquez le trombone.

● La liste des fichiers joints apparaît.

3 Cliquez **Enregistrer les pièces jointes**.

*L*orsque vous recevez un message électronique auquel est joint un fichier que vous souhaitez conserver, vous devez enregistrer celui-ci sur votre ordinateur.

Les pièces jointes représentent un danger potentiel pour la sécurité de votre ordinateur, car certaines renferment des virus. Outlook Express bloque d'ailleurs automatiquement l'accès à certains de ces fichiers, que vous ne pouvez alors pas enregistrer. Pour plus d'informations, consultez la page 234.

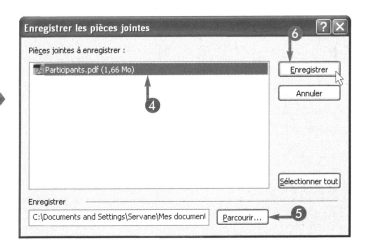

● La boîte de dialogue Enregistrer les pièces jointes apparaît.

④ Si la boîte présente plusieurs pièces jointes, cliquez celle à enregistrer.

⑤ Cliquez **Parcourir** et ouvrez le dossier où enregistrer le fichier.

⑥ Cliquez **Enregistrer**.

225

CLASSEZ VOTRE COURRIER

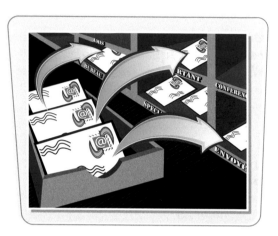

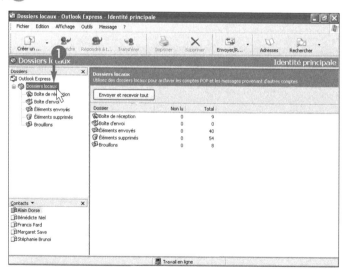

CRÉER UN DOSSIER

1 Cliquez **Dossiers locaux**
ou le dossier dans lequel
vous voulez créer le nouveau
dossier.

*S*i vous utilisez beaucoup Outlook Express, vos messages risquent de s'accumuler dans la Boîte de réception. Pour éviter d'encombrer cette dernière, créez des dossiers et classez-y vos e-mails.

L'idéal est de créer des dossiers thématiques dans lesquels vous placerez des messages apparentés. Par exemple, vous pouvez réserver un dossier aux e-mails de votre famille et en créer un pour un projet important sur lequel vous travaillez actuellement.

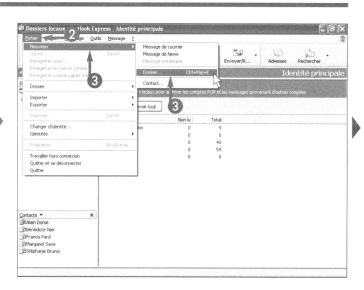

② Cliquez **Fichier**.

③ Pointez **Nouveau**.

④ Cliquez **Dossier**.

CLASSEZ VOTRE COURRIER

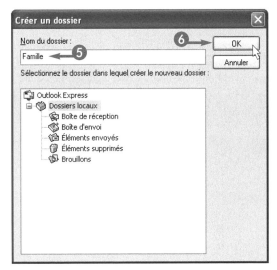

● La boîte de dialogue Créer un dossier apparaît.

5 Tapez un nom pour le dossier.

6 Cliquez **OK**.

● Le nouveau dossier apparaît dans la liste des dossiers.

*Note. Si nécessaire, vous pourrez changer le nom du dossier par la suite en le cliquant du bouton droit et en choisissant **Renommer**.*

*P*our ne pas encombrer votre boîte aux lettres, supprimez les messages devenus inutiles : cliquez l'e-mail à effacer et appuyez sur Suppr . Outlook Express déplace alors le message dans le dossier Éléments supprimés.

Quand vous êtes certain de ne plus avoir besoin de ces messages supprimés, effacez-les définitivement en cliquant du bouton droit le dossier **Éléments supprimés** et en choisissant Vider le dossier **Éléments supprimés.**

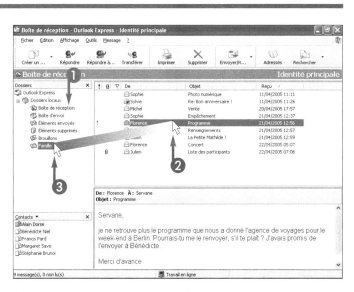

DÉPLACER UN MESSAGE
DANS UN DOSSIER

1 Cliquez le dossier qui contient le message à déplacer.

2 Placez le pointeur ⌖ au-dessus du message.

3 Cliquez et faites glisser le message sur le dossier où vous voulez le classer.

● Outlook Express déplace le message.

FILTREZ VOTRE COURRIER

● FILTREZ VOTRE COURRIER

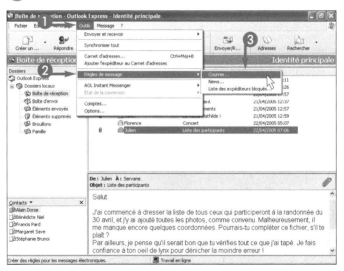

① Cliquez **Outils**.

② Pointez **Règles de message**.

③ Cliquez **Courrier**.

*P*lutôt que de classer vos messages manuellement (consultez la page 226), vous pouvez créer des règles qui déplaceront automatiquement vos e-mails vers les dossiers indiqués au moment de leur réception. Par exemple, vous pouvez faire en sorte que tous les messages envoyés par vos parents soient directement stockés dans le dossier Famille.

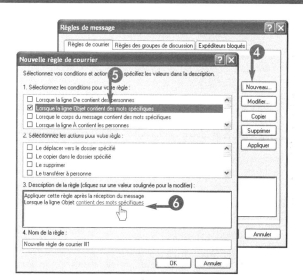

4 Si la boîte de dialogue Règles de message apparaît, cliquez **Nouveau**.

● La boîte de dialogue Nouvelle règle de courrier apparaît.

5 Dans la section **Sélectionnez les conditions pour votre règle**, cliquez la condition à remplir par les messages (☐ devient ☑).

6 Si la condition requiert des précisions, cliquez le lien correspondant dans la section **Description de la règle**.

231

● FILTRER VOTRE COURRIER (SUITE)

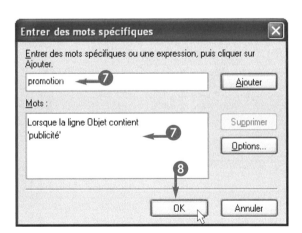

● Une boîte de dialogue propre à la condition choisie apparaît.

7 Fournissez les renseignements demandés. Ici, vous devez une taper un mot clé et cliquer **Ajouter**.

8 Cliquez **OK**.

9 Répétez les étapes **5** à **8** si vous voulez définir des conditions supplémentaires.

*V*ous recevrez parfois des messages publicitaires non sollicités, qualifiés de spams. Ceux-ci renferment souvent des mots communs dans leur objet, comme promotion, affaire, offre, millionnaire, casino ou Viagra. Pour ne pas être ennuyé par ce genre d'e-mails, vous pouvez définir une règle qui transfère automatiquement ces courriers dans le dossier Éléments supprimés, comme dans la procédure ci-dessous.

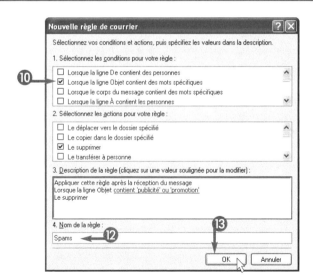

⑩ Dans la section **Sélectionnez les actions pour votre règle**, cliquez l'action à réaliser (☐ devient ☑).

⑪ Si l'action requiert d'être précisée, répétez les étapes **6** à **8**.

⑫ Tapez un nom pour la règle.

⑬ Cliquez **OK**.

● La règle apparaît dans la boîte de dialogue Règles de message : tous les messages reçus qui remplissent la condition définie subiront l'action indiquée.

233

ÉVITEZ LES VIRUS DANS LES E-MAILS

ÉVITEZ LES VIRUS DANS LES E-MAILS

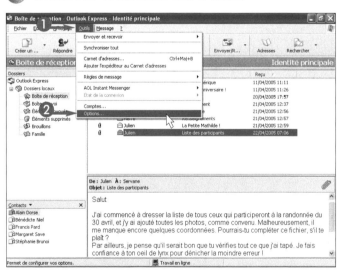

1 Cliquez **Outils**.

2 Cliquez **Options**.

*L*es virus sont de petits programmes néfastes, susceptibles d'endommager plus ou moins gravement votre ordinateur. Beaucoup se transmettent par le biais de messages électroniques. Vous pouvez protéger votre ordinateur en réglant quelques options d'Outlook Express.

Vous aurez également tout intérêt à installer un programme antivirus sur votre ordinateur qui analysera vos e-mails. Prenez en outre l'habitude de ne pas ouvrir les messages et fichiers envoyés par des expéditeurs inconnus.

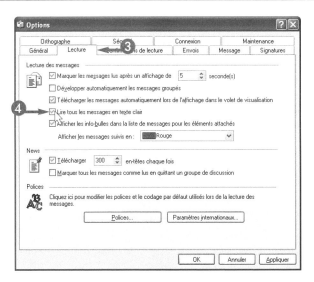

● La boîte de dialogue Options apparaît.

❸ Cliquez l'onglet **Lecture**.

❹ Cochez la case **Lire tous les messages en texte clair** (☐ devient ☑).

ÉVITEZ LES VIRUS DANS LES E-MAILS

● ÉVITEZ LES VIRUS DANS LES E-MAILS (SUITE)

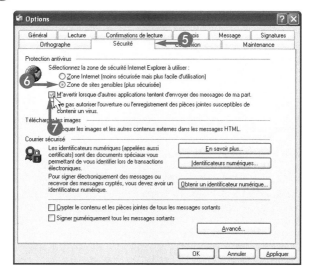

⑤ Cliquez l'onglet **Sécurité**.

⑥ Cliquez **Zone de sites sensibles** (○ devient ◉).

⑦ Cochez la case **M'avertir lorsque d'autres applications tentent d'envoyer des messages de ma part** (☐ devient ☑).

*A*près que vous avez activé l'option de l'étape 8, Outlook Express bloque l'accès à de nombreuses pièces jointes. Quand vous cliquez ▧ dans le volet de visualisation pour ouvrir ou enregistrer un fichier joint à un message (consultez les pages 222 à 225), le fichier et la commande d'enregistrement sont alors inaccessibles : leur nom apparaît estompé. Si vous double-cliquez le message pour l'ouvrir, une mention sous la barre d'outils indique qu'Outlook Express a effectivement supprimé l'accès à la pièce jointe qu'il estimait dangereuse.

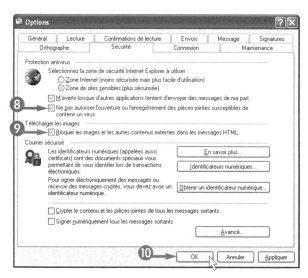

8 Cochez la case **Ne pas autoriser l'ouverture ou l'enregistrement des pièces jointes susceptibles de contenir un virus** (☐ devient ☑).

9 Cochez la case **Bloquer les images et les autres contenus externes dans les messages HTML** (☐ devient ☑).

10 Cliquez **OK**.

ABONNEZ-VOUS À UNE LISTE DE DIFFUSION

Fonctionnement d'une liste de diffusion

Chaque liste de diffusion possède un certain nombre d'abonnés. Lorsqu'une personne lui envoie un e-mail, une copie de ce dernier est expédiée à chaque membre de la liste. Beaucoup de listes de diffusion se limitent à la diffusion : seul le *propriétaire* de la liste (c'est-à-dire la personne qui gère la liste) peut alors envoyer des messages.

*O*n appelle liste de diffusion un groupe de discussion dans lequel chaque échange s'effectue sous la forme d'un e-mail. La plupart de ces listes sont gratuites, mais certaines requièrent une petite participation financière.

La plupart des listes de diffusion concernent un sujet spécifique, comme les chiens ou la fabrication du pain. Il en existe des milliers, sur presque tous les thèmes imaginables.

Annuaires de listes de diffusion

Si vous ne savez pas à quelle liste vous abonner, vous pouvez en rechercher une sur un annuaire dédié sur le Web. Vous êtes ainsi pratiquement certain d'en trouver une qui vous intéresse. Essayez par exemple Francopholistes (www.francopholistes.com) ou Dolist.net (http://directory.dolist.net/annuaire_fr.asp)

ABONNEZ-VOUS À UNE LISTE DE DIFFUSION

Abonnement

Pour recevoir des messages d'une liste de diffusion et en envoyer (à condition que cela soit autorisé), vous devez d'abord vous *abonner* à la liste, c'est-à-dire fournir votre adresse électronique à son propriétaire. Dans la plupart des cas, cela s'effectue tout simplement en envoyant un e-mail à l'adresse de la liste et en indiquant si nécessaire le mot « abonnement » dans la zone d'objet.

Compilation

Si vous êtes abonné à une liste de diffusion très active, vous pouvez recevoir plusieurs dizaines de messages par jour. Si leur manipulation vous prend trop de temps, vous pouvez demander à réceptionner la liste en mode *compilation* (ou *digest*), à condition, bien sûr, que son propriétaire offre cette possibilité. Ainsi, vous ne recevez plus qu'un seul message incluant tous ceux qui ont été envoyés à la liste au cours d'une certaine période (une journée ou une semaine, par exemple).

Instructions

Après que vous vous êtes abonné à une liste de diffusion, le propriétaire de celle-ci vous envoie un message qui confirme votre inscription et vous fournit des instructions sur l'emploi de la liste. Par exemple, il vous indique généralement une première adresse pour envoyer des e-mails à la liste et une seconde pour toutes les questions d'ordre administratif que vous voudriez poser au propriétaire de la liste. Enregistrez précieusement ces informations en vue d'une utilisation

Interruption temporaire

Si vous vous absentez pendant une semaine ou davantage, vous n'aurez sûrement pas envie que plusieurs centaines de messages vous attendent à votre retour. Pour empêcher cet encombrement de votre boîte aux lettres, la plupart des listes de diffusion permettent un désabonnement temporaire, le temps de votre absence. Lorsque cette possibilité n'est pas offerte, mieux vaut vous désabonner de la liste avant votre départ et vous réinscrire à votre retour.

RESPECTEZ LA NÉTIQUETTE DES LISTES DE DIFFUSION

Lisez avant de poster

Une liste de diffusion est un véritable lieu de socialisation : les membres viennent souvent d'horizons extrêmement variés et possèdent des personnalités très différentes. Au moment de vous abonner à une liste, contentez-vous de lire les messages pendant une ou deux semaines (c'est-à-dire de *reluquer*), afin de bien sentir le ton des conversations et de ne pas risquer ensuite de poster des e-mails inappropriés.

*T*ous les messages qui vous sont envoyés par des internautes sont stockés provisoirement sur le serveur de courrier entrant de votre FAI. Pour les récupérer et les transférer dans votre boîte aux lettres, vous devez vous connecter à ce serveur.

Consultez la FAQ

Chaque liste de diffusion possède ses propres règles, méthodes et spécificités. Par ailleurs, quel que soit le sujet abordé, tous les nouveaux venus se posent le même genre de questions au départ. C'est pourquoi le propriétaire de la liste réunit souvent toutes les informations relatives à ces différents points dans un document appelé FAQ (Foire aux questions). Après vous être abonné à une liste et avant d'y poster des messages, prenez le temps de lire la FAQ pour vous renseigner sur cette liste et obtenir la réponse à des questions que vous auriez sans doute posées.

RESPECTEZ LA NÉTIQUETTE DES LISTES DE DIFFUSION

Tenez-vous en au sujet

Avant d'envoyer un message à une liste de diffusion, assurez-vous que son contenu concerne bien directement le sujet principal de la liste. Par exemple, si le thème est la fabrication du pain, vous pouvez poster des messages sur le pain, la farine, le levain, le pétrissage, la cuisson et des recettes de pain, mais pas sur les voitures, le cinéma ni tout autre sujet sans rapport aucun avec le thème de la liste.

Évitez les réponses sans intérêt

Les listes de diffusion sont souvent très actives, et il n'est pas rare qu'elles génèrent plusieurs dizaines de messages par jour. La plupart des membres en sont bien conscients et apprécient que les participants prennent le temps de la réflexion avant de poster des messages. Ils détestent voir leurs boîtes aux lettres encombrées par des e-mails sans intérêt qui n'apportent rien à la conversation ni aucune information. Par conséquent, ne postez pas de messages avec comme seul contenu un texte du genre « Moi aussi », « OK » ou « Merci ».

Répondez en privé

La plupart des listes de diffusion affichent l'adresse des auteurs des messages. Si la réponse que vous prévoyez de donner à l'un de ces e-mails n'intéresse que l'expéditeur de celui-ci, ne postez pas votre message sur la liste. Récupérez l'adresse de la personne et envoyez-lui un message en privé.

Veillez alors à créer un nouvel e-mail. En effet, si vous utilisez la commande Répondre de votre programme, votre courrier sera envoyé à tous les membres de la liste.

N'envoyez pas de pièces jointes

Ne joignez jamais de documents aux messages que vous postez dans une liste de diffusion. En effet, la plupart des membres ne veulent pas voir leur boîte aux lettres encombrée par de gros fichiers. Par ailleurs, envoyer une grosse pièce jointe à des centaines ou milliers d'internautes gâcherait de la bande passante et pourrait bloquer le serveur où est stockée la liste. Les pièces jointes sont si problématiques que beaucoup de listes de diffusion les suppriment automatiquement des messages.

LA MESSAGERIE INSTANTANÉE, COMMENT ÇA MARCHE ?

Programmes de messagerie instantanée

Pour envoyer et recevoir des messages instantanés, vous devez utiliser un programme spécial, appelé tout naturellement programme de messagerie instantanée. Windows XP et Mac OS X en intègrent tous deux un, à savoir Windows Messenger et iChat, respectivement. Mais il en existe d'autres, téléchargeables gratuitement depuis l'Internet, comme AOL Instant Messenger (http://aim.aol.fr), Yahoo! Messenger (http://fr.messenger.yahoo.com) et ICQ (http://www.icq.com), ce dernier n'existant malheureusement qu'en anglais.

Dès lors que vos correspondants sont en ligne, la messagerie instantanée vous permet d'échanger des messages avec eux en temps réel et, donc, de mener une véritable conversation écrite.

Communiquer en temps réel signifie que si vous envoyez un message à une personne qui est en ligne, il apparaît aussitôt sur l'ordinateur de cette personne. De même, si celle-ci vous répond, son message s'affiche instantanément sur votre écran.

Compatibilité des programmes

La messagerie instantanée possède un inconvénient majeur : les programmes ne sont généralement pas compatibles entre eux. À quelques rares exceptions près (comme iChat qui fonctionne avec AOL Instant Messenger), vous ne pouvez pas échanger de messages instantanés avec une personne qui n'utilise pas le même programme que vous. La solution consiste alors à télécharger un programme tout-en-un, comme Easy Message (www.easymessage.net) ou Trillian (www.ceruleanstudios.com) qui fonctionnent avec tous les programmes de messagerie instantanée.

LA MESSAGERIE INSTANTANÉE, COMMENT ÇA MARCHE ?

Liste de contacts

Vous pouvez envoyer des messages instantanés à tous les gens qui figurent dans votre *liste de contacts* et en recevoir de ces mêmes personnes. Votre programme de messagerie instantanée vous permet de gérer cette liste très facilement : vous pouvez aisément y ajouter des noms ou en retirer, et vous connaissez à tout moment le statut de vos contacts.

Gérez votre statut

Lorsque vous ne souhaitez plus recevoir de messages instantanés pendant un certain temps, vous pouvez changer votre statut. Par exemple, Windows Messenger vous laisse le choix entre six statuts (hormis En ligne) : Occupé(e), De retour dans une minute, Absent(e), En communication téléphonique, Parti(e) manger et Apparaître hors ligne.

Connexion d'un contact

L'instantanéité des messages tient au fait que les deux
parties sont en ligne en même temps : le programme peut
donc transmettre les messages aussitôt. C'est pourquoi la
plupart des programmes de messagerie instantanée vous
avertissent quand l'un de vos contacts qui était hors ligne se
connecte (se retrouvant ainsi en ligne).

Bloquez les contacts gênants

Si vous ne souhaitez plus recevoir de messages
instantanés d'un contact spécifique, vous pouvez
demander à votre programme de messagerie instantané
de bloquer cette personne. Le programme empêche
alors les messages envoyés par ce contact de vous
parvenir. Bloquer une personne se révèle utile quand
elle envoie des messages ennuyeux, agressifs ou
blessants.

ÉCHANGEZ DES MESSAGES INSTANTANÉS

Invitez des contacts

La plupart des conversations commencent par une invitation : une personne en convie une autre à échanger des messages instantanés. Le plus souvent, la première personne envoie un message à l'un de ses contacts. Si celui-ci répond, cela signifie qu'il accepte l'invitation, et la conversation peut s'engager. En revanche, s'il ignore le message, c'est comme s'il refusait l'invitation.

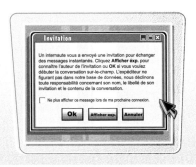

*L*orsque vous échangez des messages instantanés, vous envoyez et recevez essentiellement du texte. Pourtant, la plupart des programmes de messagerie instantanée permettent aussi d'échanger des photos et d'autres types de fichiers, et de mener des conversations vocales ou vidéo.

Avant de pouvoir échanger des messages instantanés avec une personne, vous devez intégrer celle-ci à votre liste de contacts dans votre programme de messagerie. Par ailleurs, la personne doit être en ligne.

Répondez aux messages

Quand une personne vous envoie un message, il apparaît aussitôt dans votre programme de messagerie instantanée. Seuls quelques programmes, comme AOL Instant Messenger, vous demandent auparavant d'accepter l'invitation envoyée par l'expéditeur. Si vous souhaitez alors engager la conversation, répondez aussitôt en tapant votre texte au bas de la fenêtre et en cliquant le bouton **Envoyer** ou en appuyant sur la touche Entrée .

Envoyez des fichiers

Outre de petits textes, les programmes de messagerie instantanée vous permettent d'envoyer des documents, des photos, et tout autre type de fichiers. Cela se révèle utile quand vous voulez parler d'un rapport ou d'un cliché, par exemple, avec une autre personne, ou que vous souhaitez obtenir l'avis de cette dernière sur l'un de vos travaux. Par sécurité, votre interlocuteur doit accepter le fichier avant que vous puissiez le lui envoyer. Tant qu'il n'a pas donné son accord, vous pouvez annuler l'envoi.

Téléphonez

Si votre ordinateur et celui de votre interlocuteur sont équipés d'un micro, d'une carte son et de haut-parleurs, vous pouvez mener une conversation vocale avec votre contact, exactement comme si vous étiez au téléphone. En effet, la plupart des programmes de messagerie instantanée possèdent une fonctionnalité généralement appelée *Audio* qui permet de parler à votre correspondant par le biais de l'Internet.

Recevez des fichiers

Quand une personne souhaite vous envoyer un document ou une photo par le biais de la messagerie instantanée, vous pouvez accepter ou refuser le fichier. Dans le premier cas, le programme de messagerie stocke automatiquement le fichier sur le disque dur de votre ordinateur. Dans la mesure où certains fichiers risquent de contenir des virus, soyez prudent lorsque vous acceptez de recevoir des documents, notamment. Si vous connaissez peu l'expéditeur, mieux vaut refuser le fichier ou l'analyser avec votre logiciel antivirus avant de l'ouvrir.

Profitez de la vidéo

Si votre ordinateur et celui de votre interlocuteur sont équipés d'une Webcam, d'un micro, d'une carte son et de haut-parleurs, vous pouvez vous parler tout en vous voyant. En effet, de nombreux programmes de messagerie instantanée possèdent une fonctionnalité *Vidéo* ou *Webcam* qui permet à chaque participant de voir l'image de son correspondant (restituée par la Webcam) et d'entendre sa voix.

DÉMARREZ WINDOWS MESSENGER

○ DÉMARREZ WINDOWS MESSENGER

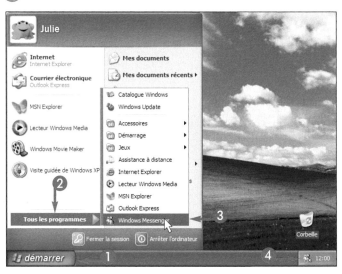

① Cliquez **démarrer** pour ouvrir le menu Démarrer.

② Pointez **Tous les programmes** pour afficher la liste des programmes installés sur l'ordinateur.

③ Cliquez **Windows Messenger**.

● Vous pouvez aussi double-cliquer cette icône (🐱) pour démarrer Windows Messenger.

Note. Si 🐱 n'est pas visible, cliquez ◁ dans la barre des tâches pour afficher l'icône.

*G*râce à Windows Messenger, fourni avec
Windows XP, vous savez à quel moment vos
amis sont en ligne. Vous pouvez alors leur
envoyer en temps réel des messages et
des fichiers.

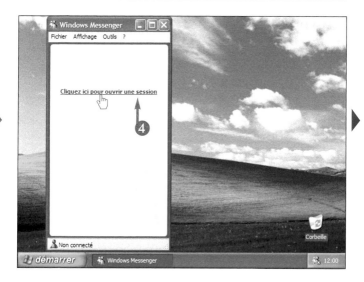

● La fenêtre Windows
Messenger s'ouvre.

● Si vous avez déjà ouvert
une session Windows
Messenger, vous pouvez
omettre les étapes **4** à **6**.

④ Cliquez ce lien pour
ouvrir une session
Windows Messenger.

● La boîte de dialogue
.NET Messenger Service
s'ouvre.

DÉMARREZ WINDOWS MESSENGER

Pourquoi un assistant apparaît-il au démarrage de Windows Messenger ?

La première fois que vous démarrez Windows Messenger, un assistant apparaît pour vous aider à ajouter un passeport à votre compte d'utilisateur.

C'est nécessaire pour utiliser Windows Messenger. Suivez les instructions de l'assistant pour ajouter un passeport à votre compte d'utilisateur.

● **DÉMARREZ WINDOWS MESSENGER (SUITE)**

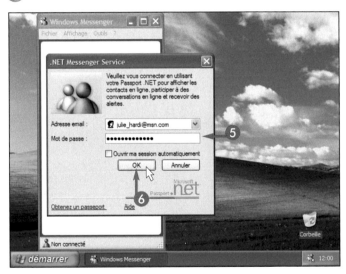

● Votre adresse de courrier électronique s'affiche ici.

⑤ Saisissez votre mot de passe, en respectant scrupuleusement les majuscules et les minuscules.

⑥ Cliquez **OK** pour ouvrir une session.

Note. Si vous n'avez pas encore établi la connexion Internet, une boîte de dialogue permettant de le faire peut s'ouvrir.

Comment clore la session Windows Messenger ?

Lorsque vous avez fini d'utiliser Windows Messenger, vous pouvez fermer votre session.

1 Dans la fenêtre Windows Messenger, cliquez **Fichier**.

2 Cliquez **Fermer la session**.

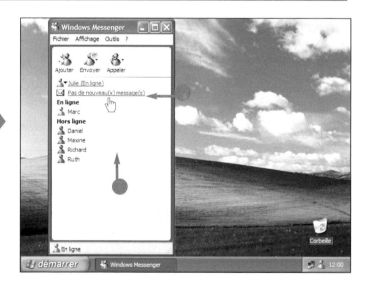

● Si vous avez ajouté des contacts à votre liste, leurs noms apparaissent ici. La fenêtre indique aussi s'ils sont en ligne ou non.

Note. Pour ajouter des contacts à votre liste, consultez la page 258.

● Vous pouvez cliquer ce lien pour lire vos messages de courrier électronique. Si votre compte de courrier électronique est fourni par Hotmail, le nombre de messages reçus s'affiche aussi.

257

AJOUTEZ UN CONTACT

● AJOUTEZ UN CONTACT

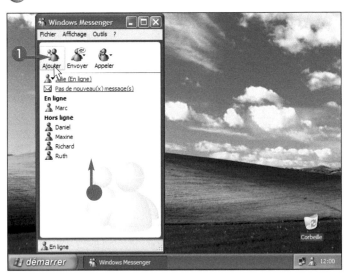

● Les noms des personnes dans votre liste des contacts apparaissent dans cette zone. Vous voyez aussi lesquelles sont connectées ou non.

① Cliquez **Ajouter** pour ajouter une personne à la liste des contacts.

*E*n ajoutant une personne à votre liste de contacts, vous pouvez savoir si elle est en ligne et si elle peut échanger des messages instantanés.

Windows Messenger permet d'intégrer au maximum 150 personnes dans la liste de vos contacts.

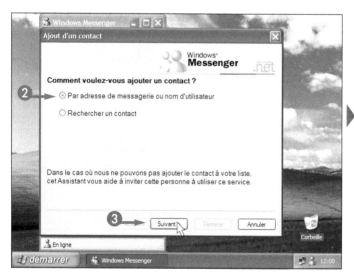

● L'assistant Ajout d'un contact apparaît.

❷ Cliquez cette option pour ajouter un contact en spécifiant l'adresse de courrier électronique de la personne (○ devient ◉).

❸ Cliquez **Suivant** pour continuer.

AJOUTEZ UN CONTACT

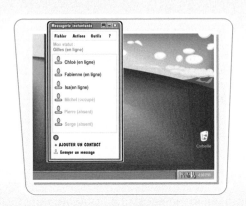

● AJOUTEZ UN CONTACT (SUITE)

④ Saisissez l'adresse de courrier électronique de la personne.

⑤ Cliquez **Suivant** pour poursuivre.

Comment retirer une personne de la liste des contacts ?

Dans la fenêtre Windows Messenger, cliquez le nom de la personne à retirer de la liste. Appuyez sur la touche Suppr. La personne disparaît de la liste des contacts.

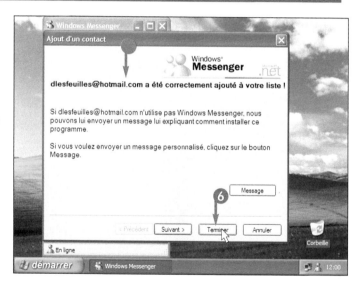

● Si l'assistant a ajouté la personne à votre liste des contacts, ce message apparaît.

❻ Cliquez **Terminer** pour fermer l'assistant.

● Le nouveau contact apparaît dans la liste.

Note. Windows Messenger avertit la personne que vous l'avez ajoutée à votre liste des contacts.

ENVOYEZ UN MESSAGE INSTANTANÉ

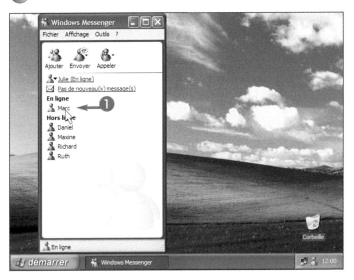

1 Double-cliquez le nom du destinataire du message instantané.

● La fenêtre Conversation s'ouvre.

Vous pouvez envoyer un message instantané à
une personne présente dans votre liste des contacts. La personne doit avoir ouvert une session Windows Messenger.

Pour plus d'informations sur l'ajout d'une personne à la liste des contacts, consultez la page 258.

Lorsque vous envoyez des messages instantanés, ne communiquez jamais votre mot de passe ou des informations concernant votre carte bleue.

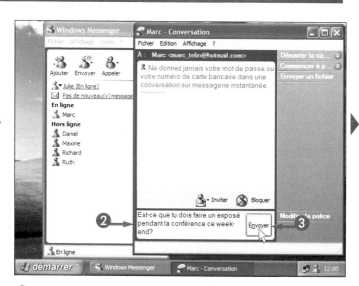

② Cliquez cette zone et tapez votre message.

Note. La longueur d'un message peut atteindre 400 caractères.

③ Cliquez **Envoyer** pour envoyer le message.

Note. Vous pouvez aussi envoyer le message en appuyant sur Entrée .

ENVOYEZ UN MESSAGE INSTANTANÉ

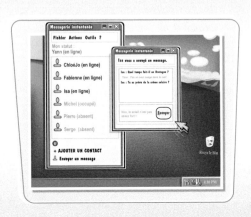

ENVOYEZ UN MESSAGE INSTANTANÉ (SUITE)

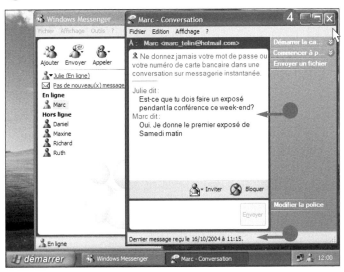

● Le message que vous envoyez et la conversation en cours s'affichent ici.

● Cette zone indique la date et l'heure auxquelles la personne vous a envoyé son dernier message, ainsi que si elle est en train de saisir un message.

④ Lorsque vous avez fini d'échanger des messages, cliquez ☒ pour fermer la fenêtre Conversation.

Que faut-il prendre en considération lors de l'envoi d'un message instantané ?

UN MESSAGE ÉCRIT ENTIÈREMENT EN LETTRES CAPITALES EST DÉSAGRÉABLE ET DIFFICILE À DÉCHIFFRER. C'EST COMME PARLER EN CRIANT. Utilisez normalement les majuscules et les minuscules lorsque vous envoyez un message instantané.

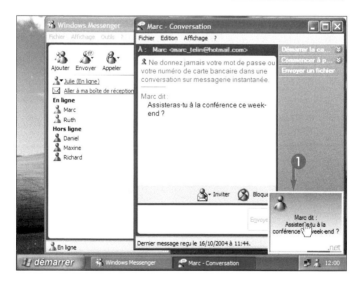

RECEVOIR UN MESSAGE INSTANTANÉ

🔵 Lorsque vous recevez un message qui n'entre pas dans une conversation en cours, une fenêtre s'affiche avec le début du message.

1️⃣ Pour afficher le message en entier, cliquez dans la fenêtre.

Note. Vous pouvez aussi cliquer le bouton Conversation dans la barre des tâches pour afficher entièrement le message.

🔵 La fenêtre Conversation apparaît, avec le message.

LES GROUPES DE DISCUSSION, COMMENT ÇA MARCHE ?

Fonctionnement d'un groupe de discussion

Les groupes de discussion sont hébergés par des serveurs spéciaux répartis partout sur l'Internet. Quand une personne envoie un message à l'un d'entre eux, une copie est stockée sur chacun de ces ordinateurs. Et lorsque des membres du groupe se connectent pour prendre connaissance des nouveaux e-mails, le message de la personne est téléchargé sur leur ordinateur.

*U*n groupe de discussion ou groupe de news désigne un forum de discussion au sein duquel des personnes animées d'une même passion peuvent échanger des messages. Tous ces groupes sont gratuits.

Chaque groupe de discussion concerne un sujet spécifique, comme les échecs ou la sculpture sur bois. On compte plus de 100 000 groupes de discussion. Il est donc probable que vous pouvez en trouver un sur un sujet qui vous intéresse.

Usenet

L'ensemble des serveurs disséminés sur l'Internet qui hébergent les groupes de discussion et diffusent leurs messages s'appelle *Usenet*. La plupart d'entre eux sont gérés par des FAI, de sorte que vous pouvez y accéder avec votre compte Internet. Simplement, vous devez connaître le nom du serveur de groupes de discussion (aussi appelé *serveur de news* ou *serveur NNTP*) de votre FAI.

LES GROUPES DE DISCUSSION, COMMENT ÇA MARCHE ?

Hiérarchie

Chaque groupe de discussion possède un nom unique composé d'au moins deux mots, séparés par des points. La première partie de ce nom désigne la *hiérarchie*, c'est-à-dire la grande catégorie à laquelle appartient le groupe. Il en existe plus d'un millier, mais seules 9 d'entre elles représentent les hiérarchies principales : alt, biz, comp, misc, news, rec, sci, soc et talk. Pour les internautes francophones, la hiérarchie fr regroupe des groupes de discussion en français.

Sujet

Chaque hiérarchie inclut un ou plusieurs sujets de groupes. Par exemple, un groupe comme rec.animaux aborde des thèmes liés aux animaux. Certains groupes possèdent un sujet beaucoup plus restreint. Ce serait le cas de rec.animaux.chiens qui s'intéresseraient seulement aux chiens, et non aux animaux en général. Vous pouvez trouver des groupes avec un thème encore plus précis, comme rec.animaux.chiens.sante ou rec.animaux.chiens.alimentation.

Hiérarchie	Description	Exemple de sujet
alt	Alternatif	alt.cinema
biz	Affaires	biz.commerce
comp	Informatique	comp.portables
misc	Divers	misc.dietetique
news	Actualité	news.senat.questions
rec	Divertissement	rec.chiens.caniches
sci	Sciences	sci.environnement
soc	Société et culture	soc.culture.italie

ecteur de news

'our vous abonner à un groupe de discussion, lire ses
nessages et envoyer les vôtres, il vous faut un
rogramme appelé lecteur de news. Dans Windows XP,
)utlook Express peut jouer ce rôle. Sinon, il en existe
'autres, comme Agent (http://forteinc.com) et NewsBin
nttp://www.newsbin.com). Si vous possédez un Mac,
ous pouvez utiliser Microsoft Entourage, inclus dans la
uite Office 2004, ou
1T-NewsWatcher

vww.smfr.org/mtnw).

roupes Google

u lieu d'installer un lecteur de news, vous pouvez
ccéder à tous les groupes de discussion par le biais de
otre navigateur Web et du site Google Groupes
nttp://groups.google.fr). Cela se révèle utile si votre FAI
offre pas d'accès aux groupes ou si vous voulez lire
s messages d'un groupe sans vous abonner à celui-ci.
inscription devient
oligatoire uniquement
partir du moment où
ous souhaitez envoyer
es messages.

TYPES DE GROUPES DE DISCUSSION

Un serveur de news, ou serveur NNTP, est un ordinateur qui stocke les groupes de discussion et gère les demandes d'envoi et de réception de messages vers ou depuis ces groupes. Avant de pouvoir participer à un groupe de discussion, vous devez indiquer à votre lecteur de news le nom Internet du serveur de news que vous voulez utiliser.

La plupart du temps, après que vous avez spécifié le serveur de news, votre lecteur de news vous propose de télécharger la liste des groupes de discussion gérés par le serveur. Mieux vaut accepter, mais soyez patient, car l'opération peut durer plusieurs minutes. Tout dépend du nombre de groupes.

Serveurs de news des FAI

La plupart des FAI vous créent un compte sur leur serveur de news en plus de votre compte e-mail. Généralement, vous utilisez alors les mêmes nom d'utilisateur et mot de passe pour les deux, mais mieux vaut vous en assurer. Vérifiez également le nom du serveur de news de votre FAI. Le plus souvent, il suit le modèle news.*nomdufai.com* ou nntp.*nomdufai*.com, *nomdufai.com* étant le nom de domaine de votre FAI.

Serveurs de news commerciaux

Si votre FAI ne vous propose aucun groupe de discussion ou seulement un petit nombre, vous pouvez vous orienter vers un serveur de news commercial, qui donne accès à de multiples groupes de discussion moyennant une somme forfaitaire. Les deux plus grands serveurs en la matière sont Giganews (www.giganews.com) et Newscene (www.newscene.com).

Serveurs de news semi-privés

Certaines sociétés gèrent leurs propres serveurs de news et groupes de discussion. C'est notamment le cas de Microsoft, avec msnews.microsoft.com qui compte plus de 2 000 groupes en rapport avec les produits et technologies Microsoft.

ABONNEZ-VOUS À UN GROUPE DE DISCUSSION

*P*our vous abonner à un groupe de discussion, vous devez l'intégrer dans votre lecteur de news. Dès lors, vous pouvez télécharger et lire les messages du groupe, et en envoyer vous-même.

Si vous voulez simplement lire les messages de groupes de discussion, il est inutile de vous abonner. Utilisez simplement Google Groupes, comme nous l'avons vu à la page xxx.

Recherchez un groupe de discussion

Il n'est pas nécessairement facile de trouver le groupe de discussion qui vous intéresse. En effet, il existe plusieurs dizaines de milliers de groupes, et il est fréquent que des groupes relatifs à un même sujet soient répartis dans différentes hiérarchies (rec.arts.livres et alt.livres, par exemple). La plupart des lecteurs de news possèdent une fonctionnalité qui permet de rechercher tous les groupes de discussion dont le nom contient un terme que vous spécifiez.

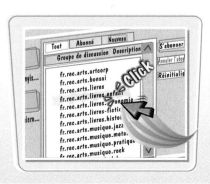

Abonnez-vous

Après avoir trouvé un groupe de discussion qui vous intéresse, cliquez-le dans la liste des groupes de votre lecteur de news, puis exécutez la commande d'abonnement de votre programme. Celui-ci ajoute alors automatiquement le groupe à la liste des groupes auxquels vous êtes abonné.

Nouveaux groupes de discussion

Le système Usenet intègre régulièrement de nouveaux groupes de discussion. Pour que vous connaissiez les nouveaux venus, la plupart des lecteurs de news vous permettent d'afficher la liste des groupes qui ont été ajoutés au système depuis la dernière mise à jour de la liste de groupes de votre serveur de news.

CONSULTEZ LES MESSAGES DE GROUPES DE DISCUSSION

*L*orsque vous envoyez un message à un groupe de discussion, on dit que vous le publiez ou le postez. Après vous être abonné à un groupe, vous pouvez télécharger tous les messages qui y ont été publiés dans votre lecteur de news. Libre à vous, ensuite, de les lire, d'y répondre ou de poster de nouveaux messages.

Serveurs de news

Cette zone liste les serveurs de news que vous avez intégrés à votre lecteur de news.

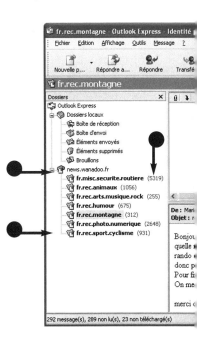

Groupes enregistrés

Cette zone répertorie les groupes de discussion auxquels vous êtes abonné.

Nombre de messages

Ces nombres indiquent la quantité totale de messages dans chaque groupe de discussion.

En-têtes

Cette zone affiche les en-têtes des messages du groupe que vous avez téléchargés. Ces *en-têtes* contiennent des informations de base sur les messages, comme leur objet, leur expéditeur, et leurs date et heure d'envoi.

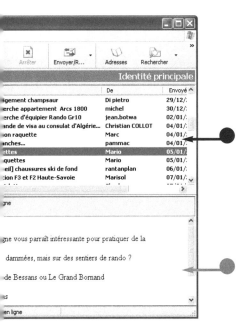

Volet de visualisation

Cette zone affiche le *corps* du message, c'est-à-dire son contenu.

CONSULTEZ LES MESSAGES DE GROUPES DE DISCUSSION

Téléchargez les en-têtes

Lorsque vous cliquez un groupe de discussion dans votre lecteur de news, celui-ci télécharge tous les messages disponibles pour ce groupe sur le serveur de news. Pour gagner du temps, la plupart des lecteurs effectuent alors deux choses. D'une part, ils téléchargent uniquement les en-têtes des messages. D'autre part, ils n'en transfèrent qu'un certain nombre (par exemple, Outlook Express se limite à 300 à chaque fois). Pour lire le corps d'un message, vous devez alors cliquer son en-tête.

Publiez des messages

Vous pouvez participer à une discussion dans un groupe en postant vos propres messages. Il peut alors s'agir d'un nouveau message ou d'une réponse à un message publié par un autre internaute. Dans ce second cas, veillez à sélectionner d'abord le message existant, puis utilisez la commande de votre lecteur de news appelée Répondre (au groupe), Suivi ou Follow-Up.

Fils de discussion

Le plus souvent, quand un internaute publie un message, une ou plusieurs personnes envoient une réponse (parfois appelée *followup* ou *suivi*), à laquelle d'autres membres répondent à leur tour. La discussion ainsi engagée depuis le message initial jusqu'aux dernières réponses porte le nom de *fil de discussion*, ou *conversation*.

Mise à jour

Lors de votre première connexion à un groupe de discussion, vous vous retrouverez parfois face à plusieurs centaines ou milliers de messages. Même si vous n'avez pas envie de les télécharger tous (ou leurs en-têtes), vous ne pouvez pas les supprimer. En revanche, la plupart des lecteurs de news proposent une commande de mise à jour qui permet de marquer tous les anciens

RESPECTEZ LA NÉTIQUETTE DES GROUPES DE DISCUSSION

Usenet est un système mondial complexe qui attire des millions d'utilisateurs. Pour que tout se passe aussi bien que possible, ces internautes sont invités à respecter quelques règles fondamentales lorsqu'ils participent à un groupe de discussion.

Nétiquette globale

La nétiquette des groupes de discussion reprend en grande partie celle des e-mails et des listes de diffusion. Soyez concis et précis, ne CRIEZ pas, utilisez des objets explicites, reprenez des passages évocateurs des messages originaux dans vos réponses, n'envoyez pas de messages incendiaires, lisez les messages publiés pendant plusieurs jours avant d'en envoyer vous-même, tenez-vous en au sujet du groupe et évitez les réponses non constructives.

Posez des questions

S'il s'agit de votre premier contact avec les groupes de discussion, peut-être vous interrogez-vous sur leur mode de fonctionnement ou sur le type de groupes existants. Il existe un groupe spécialement consacré à ce genre de questions : news.newusers.questions.

Lisez la FAQ

Après vous être abonné à un groupe de discussion et avant de publier votre premier message, lisez la FAQ (Foire aux questions) de ce groupe. Certains groupes enrichissent régulièrement leur FAQ (tous les mois, généralement). Vous pouvez aussi trouver des FAQ dans les sujets answers ou reponses de chaque hiérarchie principale, comme comp.answers ou fr.news.reponses. Par ailleurs, le groupe news.answers contient des messages de FAQ périodiques provenant de la plupart des groupes qui possèdent une FAQ.

RESPECTEZ LA NÉTIQUETTE DES GROUPES DE DISCUSSION

Respectez le sujet du groupe

Avant de publier un message, réfléchissez bien au groupe de discussion auquel vous le destinez, afin de ne pas envoyer de message hors sujet ni énervant pour les autres membres. Par ailleurs, à moins que cela ne soit vraiment indispensable, ne postez pas un même message dans plusieurs groupes (une technique appelée cross-post), même si ceux-ci sont consacrés à des thèmes proches.

Ne faites pas de publicité

Usenet n'est pas un système créé à des fins publicitaires. Par conséquent, n'y publiez pas de message destiné à promouvoir quelque chose. Si vous souhaitez vraiment faire de la publicité, utilisez le groupe approprié dans la hiérarchie biz. Par exemple, si vous avez une maison à vendre, vous pouvez poster une annonce dans le groupe fr.biz.petites-annonces.immobilier, consacré à l'immobilier.

Lisez les réponses existantes

Avant de répondre à un message existant, vérifiez si ce dernier a déjà reçu des réponses. Quand tel est le cas, lisez attentivement ces dernières pour ne pas risquer les répétitions dans votre message.

Ayez l'esprit de synthèse

Les messages qui font des sondages ou demandent des conseils donnent généralement lieu à de multiples réponses, souvent redondantes. Si vous voulez publier un tel message, invitez les membres du groupe de discussion à vous adresser directement leur réponse à votre adresse électronique personnelle, puis préparez une synthèse de tous les courriers reçus et postez-la à l'intention de tous les participants du groupe.

Créez un réseau

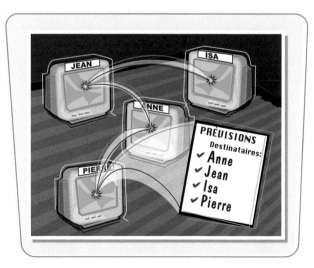

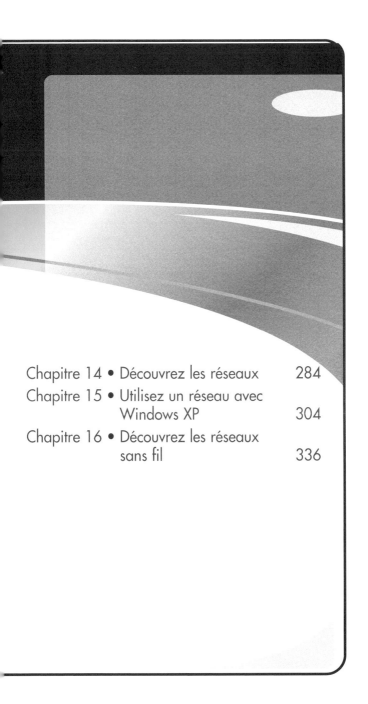

Partager des fichiers

Les ordinateurs d'un réseau sont interconnectés et peuvent s'échanger des fichiers. Cela permet de partager des informations et de collaborer à plusieurs sur des projets. Les réseaux sont en général suffisamment sécurisés pour permettre de contrôler les fichiers que l'on partage.

*U*n réseau est un ensemble d'ordinateurs connectés à l'aide d'un câble ou d'un système sans fil. Un réseau permet de partager des fichiers et des équipements. Pour plus d'informations sur les connexions sans fil, consultez le chapitre 16.

Partager des équipements

Les ordinateurs connectés à un réseau peuvent partager certains équipements. Par exemple, un ordinateur peut partager son imprimante, que d'autres utilisateurs du réseau emploieront pour imprimer des documents. Il est possible de partager également des disques durs, des lecteurs de CD/DVD et des scanners.

Partage de connexion à l'Internet

Si un ordinateur ou un autre périphérique possède une connexion à l'Internet, il est possible de la partager avec les autres utilisateurs du réseau. Cela permet à chacun d'accéder à l'Internet sans être obligé de posséder différentes connexions.

Économiser de l'argent

Un réseau peut être onéreux à mettre en place parce qu'il nécessite l'achat de matériel. Toutefois, il permet également d'économiser de l'argent grâce au partage d'équipements (comme une imprimante) et grâce au partage de connexion à l'Internet. Pour plus d'informations, consultez les pages 288 à 291.

Sauvegardes de fichiers

Si un ordinateur du réseau dispose d'espace disque disponible, utilisez-le pour stocker des sauvegardes de vos fichiers importants.

Gagner du temps

Même si les réseaux requièrent un minimum de temps d'administration, ce temps passé n'est rien à côté de celui que vous gagnerez en n'ayant pas à partager les fichiers manuellement à l'aide de disques. Vous pouvez également éviter d'installer des équipements et des connexions Internet supplémentaires.

Carte interface réseau

Chaque ordinateur du réseau doit posséder une carte réseau. Il s'agit d'une carte qui s'insère dans l'ordinateur (ou d'une carte PC pour un ordinateur portable). La carte réseau permet de relier l'ordinateur au réseau.

*M*ême si Windows XP intègre des fonctionnalités spécifiques pour le réseau, vous devez acquérir du matériel pour installer le vôtre.

Câble réseau

Un câble réseau s'insère dans la carte réseau à l'arrière de l'ordinateur. Les informations, les fichiers partagés et toutes les autres données du réseau sont transférés par les câbles. Pour plus d'informations sur les réseaux sans fil, qui ne nécessitent pas de câble, consultez le chapitre 16.

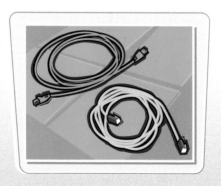

Hub

Un *hub* (ou *concentrateur)* est le point de connexion central de tous les ordinateurs du réseau. Il faut installer sur chaque ordinateur un câble qui va de la carte réseau vers l'un des ports du hub. Lorsque les informations transitent de l'ordinateur A vers l'ordinateur B, elles passent d'abord par la carte réseau de l'ordinateur A, puis vont vers le hub à l'aide du câble. De là, elles passent dans le câble de l'ordinateur B vers la carte réseau de ce dernier.

Pont de réseaux

Un *pont de réseaux* est un périphérique qui relie plusieurs petits réseaux pour créer un réseau unique plus grand. Certains réseaux de grande taille utilisent également des ponts pour diviser le réseau en petits segments afin de réduire le trafic global. Par exemple, un service particulièrement actif possède son propre segment de réseau séparé du réseau de plus grande taille. On utilise alors un pont pour relier le segment au grand réseau.

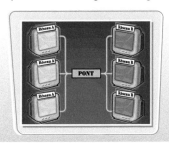

Routeur

Un *routeur* est un hub qui permet de router les données vers une adresse réseau précise. C'est particulièrement utile lorsque les ordinateurs partagent une connexion Internet à haut débit, puisque le routeur permet d'envoyer les données de l'Internet vers l'ordinateur qui les a demandées. Le modem à haut débit se connecte directement au routeur.

Passerelle

Une *passerelle* est un ordinateur ou un périphérique qui interconnecte deux réseaux de types différents, comme un réseau de PC et un réseau de Macintosh. La passerelle se charge de convertir les données d'un réseau afin qu'elles puissent être utilisées par l'autre réseau. Sur un réseau personnel, une passerelle est un ordinateur ou un routeur qui connecte le réseau à l'Internet.

Réseau local

Un réseau local (ou LAN) est un ensemble d'ordinateurs qui sont relativement proches, par exemple dans le même bâtiment. Les réseaux personnels, en particulier, sont toujours configurés en tant que réseaux locaux puisqu'ils permettent de partager une connexion Internet ou de jouer à plusieurs.

*L*a configuration du réseau détermine la manière dont sont physiquement connectés les ordinateurs et la manière dont ils partagent les informations. Ces configurations vont des réseaux les plus simples (point à point, par exemple) aux plus importants (client/serveur, par exemple).

WAN

Un WAN (*Wide area network*) est un ensemble de réseaux locaux répartis sur une zone géographique particulièrement grande, par exemple dans une ville, un pays ou à travers le monde. Les réseaux sont interconnectés à l'aide de lignes à très haut débit ou de liaisons par satellite.

Réseau point à point

Dans un réseau point à point, chaque ordinateur effectue les tâches de gestion du réseau : partage des ressources, mise en place de la sécurité et gestion des fichiers. Les réseaux point à point sont très simples à mettre en œuvre et peu onéreux. Par conséquent, ils sont adaptés aux petits réseaux. Windows XP intègre des fonctionnalités réseau point à point.

Ethernet

L'architecture du réseau détermine la manière dont les données sont envoyées sur le réseau. L'architecture la plus courante est Ethernet, qui permet de transférer les données à une vitesse de 10 Mbps (mégabits par seconde) et Fast Ethernet, qui offre un débit de 100 Mbps. Certains réseaux utilisent Gigabit Ethernet, qui permet un débit de 1 000 Mbps. Sur un réseau Ethernet, les données ne peuvent être envoyées que par un seul ordinateur à la fois sur le réseau.

Réseau client/serveur

Dans un réseau client/serveur, la gestion du réseau est essentiellement assurée par un ordinateur très puissant appelé *serveur*. Les autres ordinateurs du réseau, les *clients*, se connectent au serveur et servent à stocker les fichiers, exécuter les programmes et gérer la sécurité. L'organisation client/serveur est conçue pour les réseaux complexes et de grande taille.
Windows 2003 Server est un système client/serveur.

Ouvrir une session

Pour accéder aux ressources du réseau, vous devez commencer par ouvrir une session sur le réseau, généralement en indiquant un nom d'utilisateur et un mot de passe. Dans la plupart des réseaux point à point, en ouvrant une session sur le système d'exploitation, vous ouvrez également une session sur le réseau. Avec un réseau client/serveur, vous ouvrez séparément la session sur le réseau et les informations de connexion sont vérifiées par le serveur.

*L*a sécurité du réseau détermine qui peut accéder aux ressources (les ordinateurs, les fichiers ou les imprimantes) et ce que chaque utilisateur a l'autorisation d'effectuer avec ces ressources. Par exemple, certaines personnes peuvent être autorisées à modifier et supprimer des fichiers alors que d'autres pourront uniquement les consulter.

Nom d'utilisateur

Votre nom d'utilisateur est la première partie des informations d'ouverture de session. Ce nom vous identifie de manière unique sur le réseau. Les autres utilisateurs du réseau peuvent vous donner accès à leurs fichiers ou leurs ressources en fonction de votre nom d'utilisateur. Dans les réseaux client/serveur, l'administrateur réseau attribue les noms d'utilisateurs.

SÉCURISEZ VOTRE RÉSEAU

Mot de passe

Le mot de passe est la seconde partie des informations d'ouverture de la session. Il s'agit d'une suite de caractères que vous seul connaissez et, sur les grands réseaux, que connaît également l'administrateur réseau. En saisissant le mot de passe et le nom d'utilisateur lors de l'ouverture de session, vous vous identifiez en tant qu'utilisateur autorisé du réseau.

Fermeture de session

De la même manière qu'il est important d'ouvrir une session sur le réseau pour obtenir un accès autorisé, il est important de fermer la session lorsque vous n'en avez plus besoin. Si la session reste ouverte et que vous vous éloigniez de votre ordinateur, une personne non autorisée peut l'utiliser pour accéder au réseau et éventuellement commettre un méfait ou des dégâts.

Autorisations

Les autorisations déterminent ce que peut faire un utilisateur du réseau. Par exemple, l'autorisation *lire* permet uniquement à l'utilisateur d'afficher un fichier. L'autorisation *modifier* permet de modifier le fichier. L'autorisation *écrire* permet de créer de nouveaux fichiers et *effacer*, de supprimer des fichiers.

Pare-feu

Un pare-feu est un périphérique ou un logiciel qui empêche les utilisateurs extérieurs non autorisés d'infiltrer un réseau privé. Vous pouvez utiliser un périphérique matériel (par exemple, un routeur) en tant que pare-feu. Windows XP intègre un pare-feu, mais il existe de nombreux programmes commerciaux tels que ZoneAlarm de ZoneLabs et Norton Personnal Firewall de Norton.

Partager

Vous pouvez partager un ou plusieurs dossiers sur le réseau, ce qui permet aux autres utilisateurs de consulter et de modifier les fichiers que vous y placez. Le partage de dossiers permet de travailler sur un fichier sans envoyer une copie de ce dernier.

*L*orsque vous utilisez un réseau, vous partagez des données, communiquez et travaillez en collaboration avec d'autres utilisateurs. Par exemple, vous créez un dossier sur votre ordinateur, qui est disponible pour les autres utilisateurs. De même, vous pouvez utiliser la messagerie électronique ou instantanée pour communiquer avec d'autres personnes sur le réseau.

Communiquer

La communication est l'un des éléments essentiels d'une collaboration. Avec un réseau, vous communiquez avec les autres utilisateurs à l'aide de la messagerie électronique ou de la messagerie instantanée. Il est même possible d'effectuer des vidéoconférences avec des webcams.

Routage

Un routage est l'envoi d'un même document à plusieurs personnes l'une après l'autre. Par exemple, vous envoyez à la personne A, qui le révise et qui le transmet à la personne B. Cette dernière le révise à son tour et l'envoie à la personne C. À la fin de la procédure, le document vous est renvoyé.

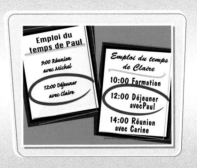

Collecticiel

Un collecticiel (ou *groupware*) est un logiciel qui permet aux utilisateurs d'un réseau d'organiser des groupes afin de réaliser des tâches collaboratives. Le collecticiel sert à effectuer le routage de documents, à communiquer et à planifier les emplois du temps. Les collecticiels les plus célèbres sont Microsoft Exchange, Lotus Notes et Novell GroupWise.

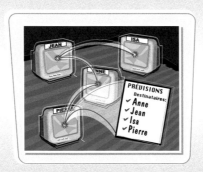

Planification

Avec un logiciel adapté, les utilisateurs d'un réseau peuvent coordonner les rendez-vous d'autres personnes afin d'organiser, par exemple, des réunions ou la date de fin d'un projet. Il est également possible d'inviter des personnes à un rendez-vous en bloquant leur emploi du temps pour cet événement.

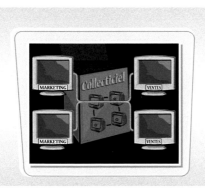

AFFICHEZ LES ORDINATEURS DU RÉSEAU

AFFICHEZ LES ORDINATEURS DU RÉSEAU

❶ Cliquez **démarrer**.

❷ Cliquez **Favoris réseau**.

*P*our savoir ce que les autres utilisateurs de votre réseau partagent, affichez le dossier Favoris réseau. Vous verrez ainsi les ordinateurs du réseau ainsi que les éléments que leurs propriétaires ont partagés.

Peuvent être partagés les éléments suivants : dossiers, disques durs, lecteurs de CD et de DVD, lecteurs de disques amovibles, imprimantes, scanners et tout autre périphérique.

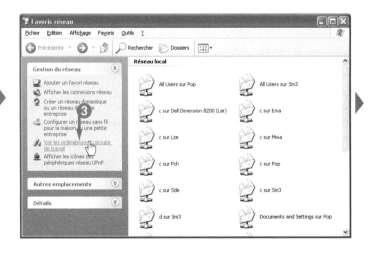

● La fenêtre Favoris réseau s'affiche, avec les éléments du réseau.

③ Cliquez **Voir les ordinateurs du groupe de travail**.

AFFICHEZ LES ORDINATEURS DU RÉSEAU

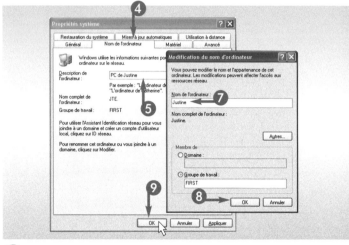

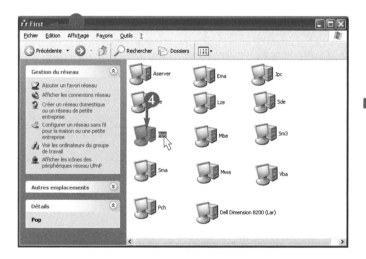

● Les ordinateurs du groupe de travail s'affichent.

● Cette zone indique le nom du groupe de travail.

④ Double-cliquez l'icône de l'ordinateur que vous souhaitez explorer.

**Comment modifier le nom du réseau et la description
de mon ordinateur ?**

1 Cliquez **démarrer**.

2 Cliquez du bouton droit **Poste de travail**.

3 Cliquez **Propriétés**.

4 Cliquez l'onglet **Nom de l'ordinateur**.

5 Saisissez la description de l'ordinateur dans cette zone.

6 Cliquez **Modifier**.

7 Saisissez le nouveau nom pour l'ordinateur.

8 Cliquez **OK**.

9 Cliquez **OK** et redémarrez l'ordinateur.

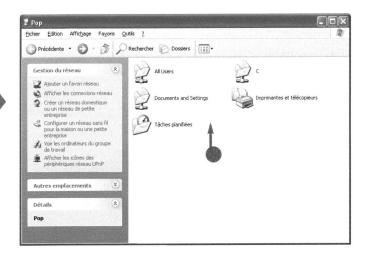

● Les données que cet
ordinateur partage s'affichent.

*Note. Pour partager un dossier
sur le réseau, lisez la page 324.*

AJOUTEZ UN FAVORI RÉSEAU

● AJOUTEZ UN FAVORI RÉSEAU

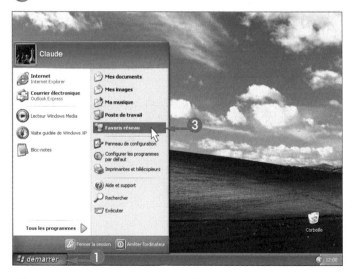

① Cliquez **démarrer**.

② Cliquez **Favoris réseau**.

*S*i un dossier ou un lecteur du réseau n'apparaît pas dans les Favoris réseau, ajoutez-le.

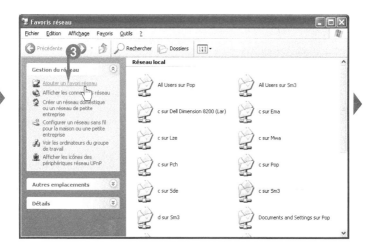

● La fenêtre Favoris réseau s'affiche.

③ Cliquez **Ajouter un favori réseau**.

AJOUTEZ UN FAVORI RÉSEAU

● AJOUTEZ UN FAVORI RÉSEAU (SUITE)

● L'assistant Ajout d'un favori réseau s'affiche.

④ Cliquez **Suivant**.

⑤ Si la boîte de dialogue de connexion à l'Internet s'affiche, cliquez **Annuler**.

*P*our supprimer une icône du dossier
Favoris réseau, cliquez-la, puis appuyez
sur Suppr . Windows XP vous demande de
confirmer la suppression. Cliquez Oui.

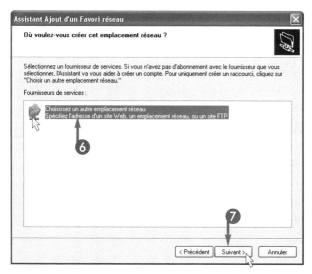

⑥ Cliquez **Choisissez un
autre emplacement
réseau**.

⑦ Cliquez **Suivant**.

AJOUTEZ UN FAVORI RÉSEAU

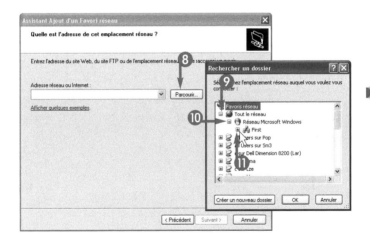

8 Cliquez **Parcourir**.

9 Cliquez ⊞ pour déployer l'arborescence de Tout le réseau (⊞ devient ⊟).

10 Cliquez ⊞ pour déployer l'arborescence de Réseau Microsoft Windows (⊞ devient ⊟).

11 Cliquez ⊞ pour déployer l'arborescence de votre groupe de travail (⊞ devient ⊟).

*S*euls les dossiers et disques partagés peuvent devenir des favoris réseau. Il est impossible de créer un favori réseau à partir d'un périphérique partagé (comme une imprimante ou un scanner).

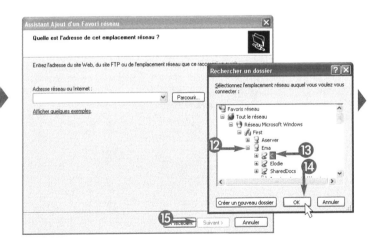

⑫ Cliquez ⊞ pour déployer l'arborescence de l'ordinateur du groupe de travail (⊞ devient ⊟).

⑬ Cliquez les ressources partagées que vous souhaitez définir comme favori réseau.

⑭ Cliquez **OK**.

⑮ Cliquez **Suivant**.

AJOUTEZ UN FAVORI RÉSEAU

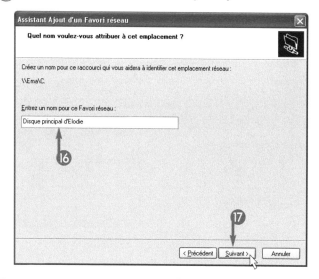

● Une boîte de dialogue vous demande de nommer le nouveau favori réseau.

⑯ Saisissez le nom du favori réseau.

⑰ Cliquez **Suivant**.

*S*i vous tentez d'accéder à un ordinateur du réseau alors qu'il est éteint ou déconnecté du réseau, vous obtiendrez un message d'erreur indiquant que le chemin réseau n'est pas accessible. Il en ira de même si cet ordinateur ne partage plus les données auxquelles vous cherchez à accéder.

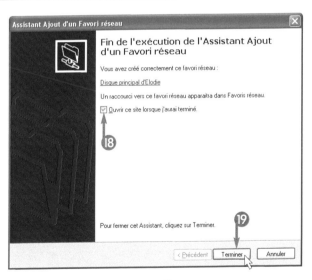

⑱ Si vous ne souhaitez pas voir dans l'immédiat le contenu du nouveau favori réseau, cliquez **Ouvrir ce site lorsque j'aurai terminé** (☑ devient ☐).

⑲ Cliquez **Terminer**.

● Le nouveau favori réseau apparaît désormais dans le dossier Favoris réseau.

TRANSFORMEZ UN DOSSIER EN LECTEUR RÉSEAU

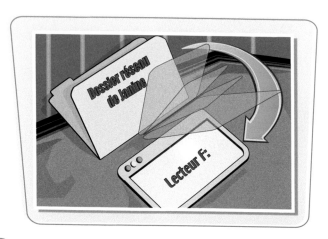

TRANSFORMEZ UN DOSSIER EN LECTEUR RÉSEAU

1 Cliquez **démarrer**.

2 Cliquez **Favoris réseau**.

*P*our faciliter l'accès à un dossier du réseau, vous pouvez transformer ce dernier en lecteur réseau. Cela signifie qu'il apparaîtra comme un volume dans la fenêtre du Poste de travail.

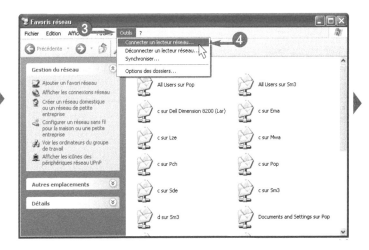

La fenêtre du dossier Favoris réseau s'affiche.

3 Cliquez **Outils**.

4 Cliquez **Connecter un lecteur réseau**.

TRANSFORMEZ UN DOSSIER EN LECTEUR RÉSEAU

TRANSFORMEZ UN DOSSIER EN LECTEUR RÉSEAU (SUITE)

● La boîte de dialogue Connecter un lecteur réseau s'affiche.

⑤ Cliquez **Parcourir**.

*L*e dossier réseau ne devient pas réellement un lecteur de disque sur votre ordinateur. Il reste bel et bien à distance sur le réseau. Windows XP se contente de le connecter (on dit mapper) afin de le faire apparaître comme un volume de votre ordinateur.

● La boîte de dialogue Rechercher un dossier s'affiche.

⑥ Cliquez le dossier du réseau de votre choix.

⑦ Cliquez **OK**.

TRANSFORMEZ UN DOSSIER EN LECTEUR RÉSEAU

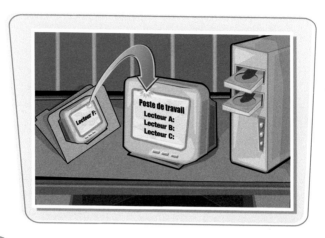

TRANSFORMEZ UN DOSSIER EN LECTEUR RÉSEAU (SUITE)

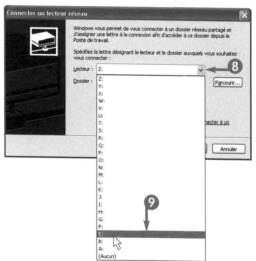

8 Cliquez ☑ dans la liste **Lecteur.**

9 Cliquez la lettre de lecteur que vous comptez attribuer au dossier réseau.

Vous devez attribuer une lettre de lecteur de disque disponible sur votre ordinateur au dossier que vous transformez en lecteur réseau. Cette lettre de lecteur apparaîtra ensuite avec les autres dans la fenêtre Poste de travail.

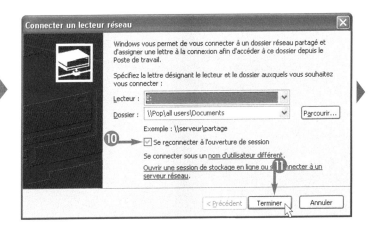

⑩ Si vous ne voulez pas que Windows XP attribue la lettre de lecteur au dossier réseau à chaque démarrage de l'ordinateur, cliquez **Se reconnecter à l'ouverture de session** (☑ devient ☐).

⑪ Cliquez **Terminer**.

TRANSFORMEZ UN DOSSIER EN LECTEUR RÉSEAU

TRANSFORMEZ UN DOSSIER EN LECTEUR RÉSEAU (SUITE)

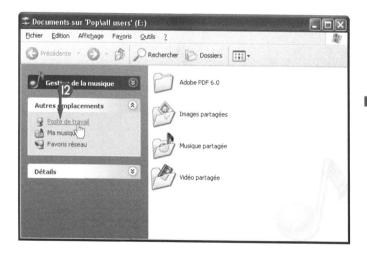

● Une fenêtre s'affiche avec le contenu du dossier réseau.

⑫ Cliquez **Poste de travail**.

*L*a seule limite numérique à la transformation de dossiers en lecteurs réseau est la quantité de lettres de lecteurs disponibles sur votre ordinateur.

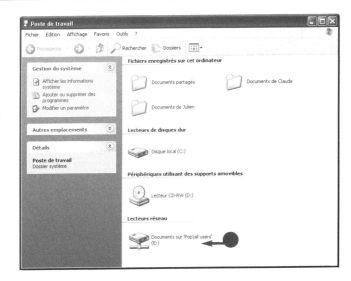

● La fenêtre du Poste de travail s'affiche.

● L'icône de la lettre de lecteur apparaît dans la rubrique Lecteurs réseau.

323

PARTAGEZ UN DOSSIER

PARTAGEZ UN DOSSIER

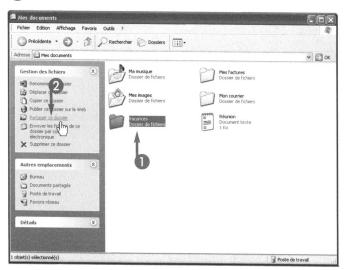

1 Cliquez le dossier à partager.

2 Cliquez **Partager ce dossier**.

● La boîte de dialogue Propriétés du dossier s'affiche.

*V*ous pouvez partager un de vos dossiers, afin que les autres utilisateurs du réseau puissent voir et modifier les fichiers qu'il contient.

Le partage d'un dossier permet de travailler à plusieurs sur les fichiers qu'il contient sans avoir à envoyer une copie de ces fichiers par courrier électronique.

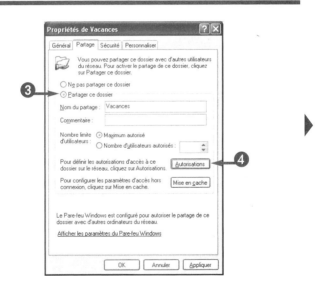

3 Cliquez **Partager ce dossier** .

Note. Le nom du partage, que vous pouvez indiquer dans cet onglet de boîte de dialogue, correspond au nom que les autres utilisateurs du réseau verront en affichant les données partagées de votre ordinateur. Changer ce nom n'a donc aucune incidence sur le nom du dossier d'origine.

4 Pour autoriser les autres utilisateurs du réseau à modifier le contenu du dossier partagé, cliquez **Autorisations**.

5 Cliquez **OK**.

PARTAGEZ UN DOSSIER

PARTAGEZ UN DOSSIER (SUITE)

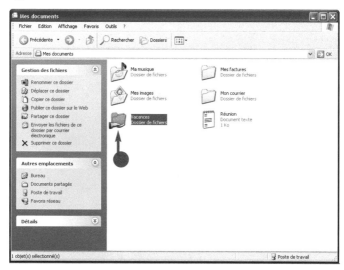

*Note. Si le nom du partage contient plus de 12 caractères, un message vous signalera sans doute que les ordinateurs d'ancienne génération risquent de ne pas pouvoir accéder au dossier partagé. Si votre réseau est constitué d'ordinateurs récents, cliquez **Oui**. Sinon, cliquez **Non**, puis indiquez un nom qui n'excède pas 12 caractères.*

● Windows XP ajoute le dessin d'une main (🖐) sous l'icône du dossier, afin d'indiquer qu'il est partagé.

*P*our partager plus rapidement des fichiers en réseau, cliquez démarrer ⇨ Poste de travail, puis déplacez dans le dossier Documents partagés tous les fichiers que vous souhaitez rendre accessibles aux autres utilisateurs du réseau.

ARRÊTER LE PARTAGE
D'UN DOSSIER

1 Répétez les étapes **1** et **2** de la page 324.

2 Cliquez **Ne pas partager ce dossier** (○ devient ◉).

3 Cliquez **OK**.

PARTAGEZ UNE IMPRIMANTE

PARTAGEZ UNE IMPRIMANTE

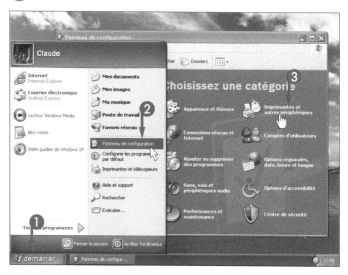

1 Cliquez **démarrer**.

2 Cliquez **Panneau de configuration**.

● La fenêtre du Panneau de configuration s'affiche.

3 Cliquez **Imprimantes et autres périphériques**.

*S*i vous avez connecté une imprimante à votre ordinateur, vous pouvez partager cette dernière sur le réseau. Cela permettra aux autres utilisateurs du réseau d'imprimer des documents avec cette imprimante.

Le partage d'imprimante représente un gain de temps et d'argent : vous n'aurez à acquérir et configurer qu'une seule et même imprimante pour tous les utilisateurs du réseau.

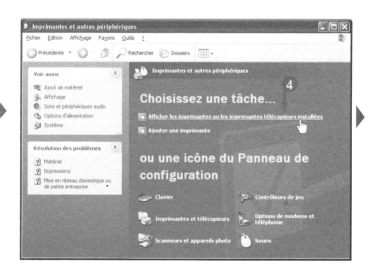

● La fenêtre Imprimantes et autres périphériques s'affiche.

④ Cliquez **Afficher les imprimantes ou les imprimantes télécopieurs installées**.

PARTAGEZ UNE IMPRIMANTE

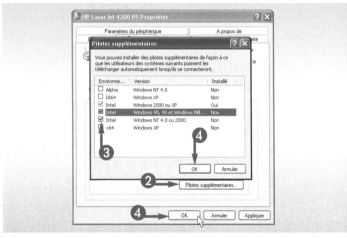

PARTAGEZ UNE IMPRIMANTE (SUITE)

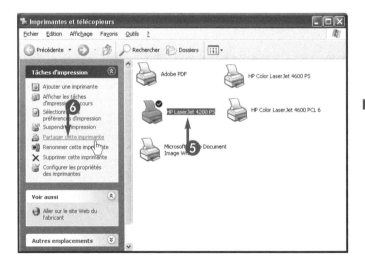

● La fenêtre Imprimantes et télécopieurs s'affiche.

5 Cliquez l'imprimante à partager.

6 Cliquez **Partager cette imprimante**.

● La boîte de dialogue Propriétés de l'imprimante s'affiche.

Les utilisateurs d'anciennes versions de Windows pourront-ils utiliser l'imprimante partagée ?

Oui, mais pour leur simplifier la tâche, il est recommandé d'installer les fichiers (pilotes) de l'imprimante correspondant à ces versions de Windows.

1 Répétez les étapes **1** à **6** des pages 328 à 330.

2 Cliquez **Pilotes supplémentaires**.

● La boîte de dialogue Pilotes supplémentaires s'affiche.

3 Cliquez la case à cocher en regard de chaque version de Windows utilisée sur le réseau (☐ devient ☑)

4 Cliquez **OK** ➪ **OK**.

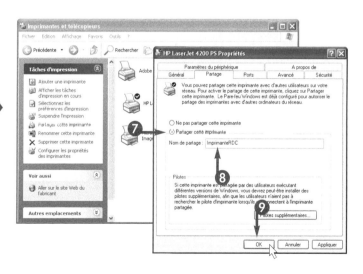

7 Cliquez **Partager cette imprimante** (○ devient ◉).

8 Modifiez éventuellement le nom de partage de l'imprimante.

9 Cliquez **OK**.

● Windows XP ajoute une main sous l'icône de l'imprimante pour indiquer qu'elle est partagée sur le réseau.

IMPRIMEZ À PARTIR DU RÉSEAU

● CONNECTEZ UNE IMPRIMANTE RÉSEAU

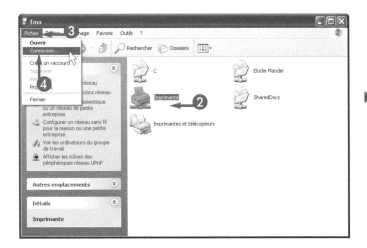

① Affichez l'ordinateur du réseau sur lequel se trouve l'imprimante que vous voulez utiliser (voir la page 304)

② Cliquez l'imprimante partagée.

③ Cliquez **Fichier**.

④ Cliquez **Connexion**.

*S*i vous avez partagé une imprimante sur
le réseau, utilisez-la pour imprimer vos
documents. Vous n'aurez ainsi à installer
et utiliser qu'une seule imprimante pour
l'ensemble des ordinateurs du réseau.

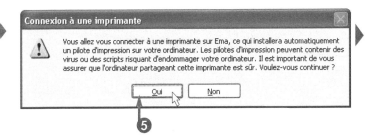

Connexion à une imprimante

⚠ Vous allez vous connecter à une imprimante sur Ema, ce qui installera automatiquement
un pilote d'impression sur votre ordinateur. Les pilotes d'impression peuvent contenir des
virus ou des scripts risquant d'endommager votre ordinateur. Il est important de vous
assurer que l'ordinateur partageant cette imprimante est sûr. Voulez-vous continuer ?

Oui   Non

5

● un message d'alerte
s'affiche.

5 Cliquez **Oui**.

● Windows XP installe
l'imprimante sur votre
ordinateur.

IMPRIMEZ À PARTIR DU RÉSEAU

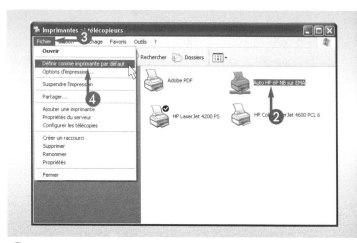

IMPRIMEZ AVEC UNE IMPRIMANTE RÉSEAU(SUITE)

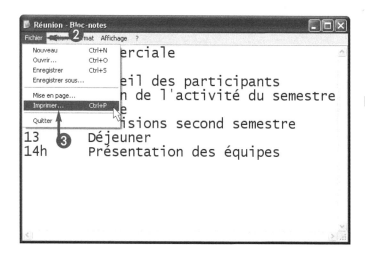

① Ouvrez le document à imprimer.

② Cliquez **Fichier**.

③ Cliquez **Imprimer**.

Comment définir l'imprimante réseau comme imprimante par défaut ?

1 Cliquez **démarrer** ➪ **Panneau de configuration** ➪ **Imprimantes et autres périphériques** ➪ **Afficher les imprimantes et les imprimantes télécopieurs installées**.

2 Cliquez **l'imprimante réseau**.

3 Cliquez **Fichier**.

4 Cliquez **Définir comme imprimante par défaut**.

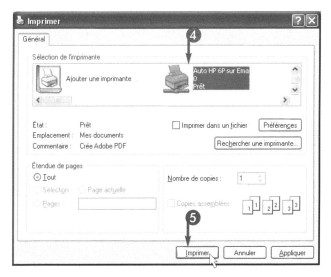

● La boîte de dialogue Imprimer s'affiche.

4 Cliquez l'imprimante partagée.

5 Cliquez **Imprimer**.

● Le document s'imprime sur l'imprimante partagée.

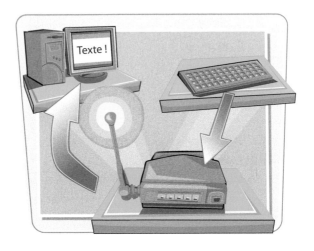

Avantages du sans-fil

Les deux avantages principaux du sans-fil sont l'absence de câble disgracieux et la facilité d'installation des périphériques. Un périphérique sans fil est également plus pratique à utiliser : vous pouvez éloigner le clavier de l'ordinateur, ou accéder à l'Internet au moyen d'un ordinateur portable depuis n'importe quelle pièce de votre habitation.

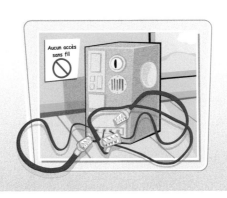

*L'*informatique sans fil permet de manipuler l'ordinateur, de communiquer et d'accéder à des ressources (par exemple, un réseau ou l'Internet), à l'aide d'équipement ne nécessitant ni câble, ni ligne de téléphone ni autre type de connexion physique directe.

Inconvénients du sans-fil

Les périphériques sans fil consommant de l'énergie, il est nécessaire d'utiliser des batteries (ou des piles) pour les faire fonctionner. Les ordinateurs portables avec réseau sans fil offrent moins d'autonomie. De plus, des interférences peuvent brouiller les communications entre périphériques. Enfin, les réseaux sans fil sont, par nature, moins sécurisés que les réseau filaires. Toutefois, des techniques permettent d'augmenter la sécurité.

Signal radio

Les périphériques sans fil communiquent et transmettent les données à l'aide de signaux radio. Le principe est identique à celui des radios FM, mais les fréquences employées sont différentes.

Périphériques sans fil

Vous pouvez commander votre ordinateur à l'aide de périphériques sans fil, comme un clavier, une souris, une manette de jeu, un écran ou une imprimante, tous sans fil.

Émetteur-récepteur

Comme son nom l'indique, un émetteur-récepteur assure l'émission et la réception du signal radio. Tous les périphériques sans fil qui nécessitent des communications bilatérales utilisent un émetteur-récepteur. Les périphériques nécessitant des communications unilatérales, comme les claviers et les souris, sont équipés uniquement d'un émetteur, le récepteur étant connecté à l'ordinateur.

Réseau sans fil

Un réseau sans fil est un ensemble d'au moins deux ordinateurs qui communiquent à l'aide de signaux radio. Avec un réseau en mode *ad hoc*, les ordinateurs sont directement connectés entre eux. Avec le mode *infrastructure*, les ordinateurs se connectent entre eux à travers un périphérique généralement appelé *point d'accès*.

Hotspots

Un hotspot est un point d'accès sans fil à l'Internet dans les lieux publics. On en trouve dans les aéroports, les gares, les hôtels, les cafés, les restaurants et dans certaines entreprises.

Internet sans fil

De nombreux points d'accès possèdent un port auquel il est possible de connecter un modem à haut débit. Cela permet de se connecter à l'Internet au moyen de son ordinateur à distance.

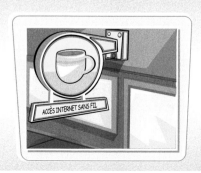

Technologies sans fil

Le Wi-fi (*Wireless Fidelity*) ou norme 802.11, est la technologie sans fil la plus courante. Elle se décline en quatre standards (802.11, 802.11a, 802.11b et 802.11g), chacun offrant des vitesses maximales différentes. Une autre technologie sans fil très célèbre est le Bluetooth, qui permet à des périphériques de créer automatiquement des réseaux *ad hoc*. On trouve d'autres types de technologies : cellulaire, à micro-ondes et à infrarouges.

Débit

Le débit se mesure généralement en mégabits par seconde (Mbps). C'est un élément important à prendre en compte lorsque l'on installe un réseau ou une connexion Internet sans fil. Les réseaux sans fil les moins chers utilisent le standard 802.11b, avec un débit théorique de 11 Mbps. Le standard 802.11g, de plus en plus populaire, procure un débit maximal théorique de 54 Mbps.

Portée du sans-fil

Tous les périphériques sans fil ont une portée maximale au-delà de laquelle ils ne peuvent plus communiquer avec les autres périphériques. Un périphérique tel que le clavier est limité à quelques mètres. En pratique, les réseaux sans fil ont une portée d'environ 25 m pour le standard 802.11a et de 50 m pour les standards 802.11b et 802.11g.

ÉQUIPEZ-VOUS POUR LE SANS-FIL

*L*a technologie sans fil nécessite des périphériques spéciaux. Même si la majorité des ordinateurs portables actuels gèrent le sans-fil, dans la majorité des cas, il est nécessaire d'acheter du matériel complémentaire.

Saisie sans fil

Mis à part le matériel pour les réseaux, les produits sans fil les plus courants sont les périphériques d'entrée, en particulier les claviers et les souris. Il faut pour cela connecter un émetteur-récepteur USB à l'ordinateur. Le clavier et la souris fonctionnent dans un rayon de 5 m à 10 m.

Autres périphériques USB

Un serveur d'impression sans fil est un autre périphérique
très courant. Il se connecte à une imprimante standard et
permet à tous les ordinateurs reliés au réseau avec ou sans
fil d'accéder à l'imprimante. D'autres périphériques
fonctionnent sans fil, tels que des écrans, des webcams,
des imprimantes et des appareils permettant de diffuser de
la musique sur votre chaîne stéréo.

Ordinateurs de poche

Les ordinateurs de poche gèrent souvent le Wi-Fi ou le
Bluetooth. Ils peuvent ainsi se connecter à des hotspots
pour vérifier le courrier électronique, naviguer sur le
Web ou effectuer une synchronisation avec des
ordinateurs de bureau.

*P*our accéder à un réseau sans fil, votre ordinateur doit être équipé d'un adaptateur réseau sans fil.

USB

Pour faciliter l'installation des adaptateurs réseau sans fil sur votre ordinateur de bureau, ces derniers possèdent généralement un port USB.

Carte d'interface réseau

Des cartes réseau sans fil s'installent directement à l'intérieur de l'ordinateur.

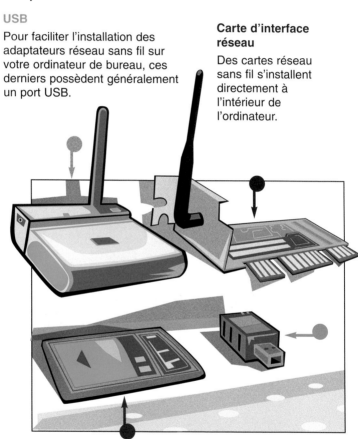

Carte PC

Si un ordinateur portable n'est pas équipé de fonction sans fil, utilisez une carte PC.

Adaptateur Bluetooth

Pour créer un réseau *ad hoc* avec n'importe quel périphérique Bluetooth, recourez à un adaptateur Bluetooth (généralement sous la forme d'une clé USB).

Point d'accès sans fil

Un point d'accès sans fil est un périphérique qui reçoit et transmet les signaux d'un ordinateur pour créer un réseau sans fil. De nombreux points d'accès acceptent également les connexions filaires, ce qui permet de créer un réseau avec et sans fil. Si vous possédez un modem haut débit, vous pouvez le connecter à un routeur, point d'accès qui permet de partager la connexion Internet avec l'ensemble des ordinateurs du réseau.

Répéteur de signal

Si votre point d'accès n'est pas accessible dans certaines zones de votre domicile ou de votre bureau, utilisez un répéteur de signal. En fonction du répéteur et du point d'accès, vous pouvez plus que doubler la portée du réseau sans fil.

CONFIGUREZ UN RÉSEAU SANS FIL

Connecter les câbles

Commencez par arrêter le modem et le routeur. Reliez ensuite le modem à l'aide d'un câble réseau à la prise WAN à l'arrière du routeur. Utilisez un autre câble réseau pour relier un ordinateur avec le routeur en utilisant n'importe quelle prise réseau à l'arrière du routeur. Mettez sous tension le routeur et le modem.

***U**n routeur sans fil est une sorte de point d'accès qui se connecte à un modem haut débit et partage la connexion Internet avec tous les ordinateurs du réseau.*

Accéder au routeur

Sur l'ordinateur connecté au routeur, démarrez le navigateur Internet, puis saisissez l'adresse du routeur (**http://192.168.1.1** ou **192.168.0.1**). Si nécessaire, saisissez le nom d'utilisateur et le mot de passe par défaut (fourni par le fabricant). La page d'installation du routeur s'affiche.

CONFIGUREZ UN RÉSEAU SANS FIL

Le routeur sans fil établit la connexion Internet pour l'ensemble du réseau. Vous devez préciser le type de connexion utilisée par votre FAI. Il existe trois types de connexions : IP dynamique, IP statique et PPPoE.

Adresse IP dynamique

Une adresse IP (*Internet Protocol*) est un ensemble de chiffres qui identifie de manière unique tout périphérique connecté à l'Internet. La plupart des fournisseurs de service Internet (FAI) assignent une adresse dynamiquement (automatiquement) lorsque vous vous connectez au service. Si c'est le cas de votre FAI, configurez le routeur pour obtenir l'adresse dynamiquement.

Adresse IP statique

Si votre FAI vous fournit une adresse IP fixe, configurez le routeur avec une adresse IP statique. Vous devez également saisir le masque de sous-réseau, l'adresse de la passerelle et les adresses DNS (serveur de nom de domaine). Ces informations sont fournies par le FAI.

PPPoE

Si votre FAI utilise le protocole PPPoE (*Point-to-Point Protocol over Ethernet*, protocole point à point sur Ethernet), vous devez saisir le nom d'utilisateur et le mot de passe fournis par votre FAI.

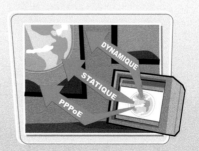

Configurer le nom réseau

Chaque réseau sans fil possède un nom public (appelé SSID) qui permet l'identification du réseau par les périphériques. Le routeur est livré avec un nom par défaut mais vous pouvez en choisir un autre, plus facile à retenir.

Activer DHCP

Chaque ordinateur de votre réseau doit également posséder une adresse IP. Le plus simple reste d'autoriser le routeur à attribuer automatiquement ces adresses à l'aide de DHCP (*Dynamic Host Configuration Protocol*, protocole de configuration dynamique de l'hôte). Assurez-vous que l'ordinateur est configuré pour utiliser DHCP. Dans Windows XP, cliquez **démarrer ➜ Tous les programmes ➜ Accessoires ➜ Communications ➜ Connexions réseau**. Dans la fenêtre, cliquez du bouton droit sur **Connexion au réseau local** ou sur **Connexion réseau sans fil**, puis cliquez sur **Propriétés**. Double-cliquez ensuite l'élément **Protocole Internet**, puis assurez-vous que l'option **Obtenir une adresse IP automatiquement** est sélectionnée.

CONNECTEZ-VOUS À UN RÉSEAU SANS FIL

Première connexion

Après avoir configuré l'ordinateur pour le réseau sans fil, ou si vous utilisez un portable sur un nouveau réseau sans fil, votre ordinateur affiche la liste des réseaux sans fil disponibles. Connectez-vous au réseau sans fil que vous souhaitez utiliser.

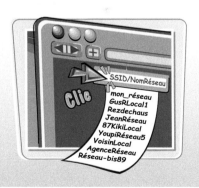

*L*orsque vous avez installé l'adaptateur réseau et configuré le routeur ou le point d'accès, vous êtes prêt à vous connecter au réseau sans fil. Vous aurez ainsi accès aux ressources du réseau et à l'Internet si vous possédez un routeur.

Connexion à un réseau sécurisé

Si le réseau que vous souhaitez utiliser n'est pas sécurisé, vous y accédez immédiatement. Toutefois, la plupart des réseaux privés sont sécurisés pour éviter les accès non autorisés. Dans ce cas, le réseau vous demande de fournir des informations d'authentification.

CONNECTEZ-VOUS À UN RÉSEAU SANS FIL

Afficher les réseaux disponibles

Si vous utilisez votre ordinateur portable dans un lieu public (hôtel ou aéroport, par exemple), la liste des réseaux sans fil disponibles s'affiche sur votre ordinateur. Dans Windows XP, cliquez du bouton droit l'icône **Connexion réseau sans fil** (🖥) dans la zone de notification, puis cliquez **Afficher les réseaux sans fil disponibles**.

Afficher la puissance du signal

Si vous rencontrez des problèmes de connexion au réseau sans fil, vérifiez la puissance du signal. Avec Windows XP placez la souris ⇖ sur l'icône 🖥 dans la barre des tâches. Vous pouvez également double-cliquer cette icône pour afficher la boîte de dialogue État de connexion réseau sans fil.

Reconnexion à un réseau sans fil

En cas de déconnexion subite du réseau sans fil, vous devez vous reconnecter à ce dernier pour y avoir accès de nouveau. Une première méthode consiste à afficher la liste des réseaux disponibles et de vous connecter à celui que vous souhaitez. Toutefois, avec Windows XP vous pouvez également cliquer sur **démarrer ➜ Connexion ➜ Connexion réseau sans fil**.

Déconnexion d'un réseau sans fil

Lorsque vous n'avez plus besoin de la connexion au réseau sans fil ou souhaitez vous connecter à un autre réseau disponible, vous devez vous déconnecter du réseau. Affichez la liste des réseaux disponibles, sélectionnez le réseau auquel vous êtes connecté, puis cliquez **Déconnecter**.

SÉCURISEZ UN RÉSEAU SANS FIL

*P*our sécuriser un réseau sans fil, quelques mesures essentielles s'imposent. Vous éviterez ainsi que des personnes non autorisées se connectent au réseau à votre insu.

Signal radio

Les réseaux sans fil sont par nature moins sécurisés que les réseaux filaires puisque les signaux radio sont émis dans toutes les directions, y compris à l'extérieur des bâtiments. Cela permet à n'importe qui de se connecter en étant dans la zone de couverture.

Activer la fonction WEP

La fonctionnalité de sécurité WEP (*Wired Equivalency Privacy*) encrypte les données du réseau sans fil afin que des utilisateurs non autorisés ne puissent pas les lire. Vous devez activer cette fonction sur votre point d'accès ou sur votre routeur (avec la programme d'installation du périphérique).

Wardriving

Le *wardriving* (littéralement, la guerre en conduisant) est une activité qui consiste à rouler dans plusieurs quartiers équipé d'un portable ou d'autres appareils captant les ondes afin de localiser les réseaux sans fil disponibles. Si une personne repère un réseau non sécurisé, elle peut l'utiliser pour accéder à l'Internet ou utiliser les ressources du réseau.

Générer des clés réseau

Pour décrypter les données d'un réseau sans fil sécurisé avec la fonction WEP, les utilisateurs doivent saisir une *clé réseau*. Vous vous servez de votre point d'accès ou de votre routeur pour générer la clé d'accès WEP. Vous pouvez également la saisir, puis vous la stockez dans un endroit sûr. Lorsque vous devrez accéder au réseau, vous devrez indiquer cette clé.

SÉCURISEZ UN RÉSEAU SANS FIL

Désactiver la diffusion du SSID

Votre système d'exploitation mémorise les réseaux auxquels vous vous êtes connecté. Par conséquent, lorsque tous les ordinateurs se sont connectés au moins une fois au réseau sans fil, il n'est plus nécessaire de diffuser le SSID. Servez-vous du programme d'installation de votre point d'accès ou routeur pour désactiver cette diffusion. Cela évite que d'autres personnes puissent accéder à votre réseau.

Modifier le mot de passe

Toute personne se trouvant à portée de votre réseau peut afficher la page d'installation en saisissant **http://192.168.1.1** ou **http://192.168.0.1** dans un navigateur Web. Cette personne doit s'identifier avec un nom d'utilisateur et un mot de passe, les valeurs par défaut étant connues de tous les *wardrivers* (adeptes du *wardrinving*). Pour protéger la page de configuration, modifiez le nom d'utilisateur et le mot de passe de votre point d'accès ou routeur.

Modifier le SSID par défaut

Même si vous désactivez la diffusion du SSID, il est possible de le deviner pour tenter de se connecter. Tous les points d'accès sont livrés avec des SSID par défaut, par exemple linksys. Les pirates vont commencer par essayer ces noms. Par conséquent, il est recommandé de modifier le SSID avec un nom difficile à deviner.

INDEX

INDEX

INDEX

INDEX

Poche VISUEL

Windows XP et Internet

2e édition

Pour en savoir plus sur nos publications,
consultez notre site Web à l'adresse
www.efirst.com.

À mon avis, « Poche Visuel Windows XP et Internet » est
❏ Excellent   ❏ Moyen
❏ Satisfaisant   ❏ Insuffisant

Ce que je préfère dans ce livre

....

....

....

Mes suggestions pour l'améliorer

....

....

....

En informatique, je me considère comme
❏ Débutant   ❏ Expérimenté
❏ Initié   ❏ Professionnel

J'utilise l'ordinateur
❏ Au bureau   ❏ À l'école
❏ À la maison   ❏ Autre

J'ai acquis ce livre
❏ En librairie   ❏ Dans une grande surface
❏ Par correspondance   ❏ Autre

Je m'intéresse plus particulièrement aux domaines suivants
❏ Traitement de texte   ❏ Tableur
❏ Base de données   ❏ Graphisme et PAO
❏ Internet et Web   ❏ Communications et réseaux
❏ Langage de programmation   ❏ Formation à l'informatique

Nom ....

Prénom ....

Rue ....

Ville ....   Code postal ....

Pays ....

Fiche Lecteur à découper ou à photocopier. Adresse au verso.

AFFRANCHIR
AU TARIF
LETTRE

Éditions First Interactive
27, rue Cassette
75006 Paris
France